문학과지성 시인선 376

하늘의 맨살

마종기 시집

문학과지성사

문학과지성사에서 펴낸 마종기의 시집

안 보이는 사랑의 나라(1980)
모여서 사는 것이 어디 갈대들뿐이랴(1986)
그 나라 하늘빛(1991)
이슬의 눈(1997)
마종기 시선집(1999)
새들의 꿈에서는 나무 냄새가 난다(2002)
보이는 것을 바라는 것은 희망이 아니므로(2004, 시선집)
우리는 서로 부르고 있는 것일까(2006)
마흔두 개의 초록(2015)
천사의 탄식(2020)

문학과지성 시인선 376
하늘의 맨살

초판 1쇄 발행 2010년 5월 7일
초판 8쇄 발행 2024년 7월 17일

지 은 이   마종기
펴 낸 이   이광호
펴 낸 곳   ㈜문학과지성사
등록번호   제1993-000098호
주   소   04034 서울 마포구 잔다리로7길 18(서교동 377-20)
전   화   02)338-7224
팩   스   02)323-4180(편집) 02)338-7221(영업)
전자우편   moonji@moonji.com
홈페이지   www.moonji.com

ⓒ 마종기, 2010. Printed in Seoul, Korea

ISBN 978-89-320-2053-2 03810

이 책의 판권은 지은이와 ㈜문학과지성사에 있습니다.
양측의 서면 동의 없는 무단 전재 및 복제를 금합니다.

문학과지성 시인선 376
하늘의 맨살

마종기

2010

시인의 말

몇 해 전에 출간한 시집 『우리는 서로 부르고 있는 것일까』
이후 여러 잡지에 발표한 시들을 여기에 모았다.
생각해보면 이런 몰골로나마 계속 시를 써올 수
있었던 것도 복이 아닐까 싶다.
그간도 내 시를 지켜보아주고 읽어준 당신께 감사한다.

2010년 봄
마종기

하늘의 맨살

차례

시인의 말

제1부

노르웨이 폭포　9
길목에 서 있는 바람　10
겨울 바다　12
네팔에서 온 편지　14
독수리　16
동면(冬眠)　18
꽃밭에서　22
봄의 약속　24
국경은 메마르다　26
지평선, 내 종점　28
국경은 메마르다 2　29
치매　32
고래　34
내 나라　36
밤의 묵시록　38
낮달은 왜 흰빛인가　40
동백을 보내며　42

제2부

자장가 47
여름의 침묵 48
둥지를 만드는 날 50
잠깐 52
과메기 54
익숙지 않다 56
장미의 날 58
파타고니아의 양 60
이별 61
수목장 64
예수의 땅 66
갈릴레아 호수 67
디아스포라의 황혼 70
몸부림을 넘어 72
북해의 억새 74
예루살렘의 밤 76
두 개의 2월 77
아이스크림 78

제3부

40대 81
복사꽃 낙화 82
수련 84
나일 강 일지 86

기도하는 아랍인 90
오래된 봄의 뒷길 94
알렐루야 96
고사리나무 98
짖지 않는 개 100
수원에 내리는 눈 102
동생의 이집트 104
호두까기 106
플로리다 편지 107
아카시아 꽃 108
겨울 아이오와 110
연신내 유혹 113

해설|바깥으로의 귀환·조강석 119

제1부

노르웨이 폭포

네 얼굴과 내 얼굴이 겹치고 엉겨
한 개의 얼굴이 되는 곳을 아느냐.
내 목숨과 네 목숨이 서로 붙잡고
한 개의 숨소리만 내는 곳을 아느냐.

우리가 살아온 길과 물을 모두 모으면
사무치게 오래된 흐린 항구가 되느니
가난한 마을 작은 집의 나이 든 아내를 보면
그 긴 여행을 어찌 젖은 과거라고만 부르리.

나도 한때는 정상만 주시하며 뛰었다.
병풍같이 깎아지른 절벽의 바위산들
흔들며, 고개 저으며 흔한 눈물도 흘렸지만
그 슬픔 다 씻어내고 폭포를 덮어가는 무지개,

그 무지개 몇 개 주머니 속에 간직하는 동안
폭포는 두 손 흔들며 나를 부르고 있네.
영성의 시원한 물로 세례를 받는 이 아침,
어디서 본 듯한 소리 내 혼을 넓게 열어주네.

길목에 서 있는 바람

한 세월 멀리 겉돌다 돌아와 보니
너는 떠날 때 손 흔들던 그 바람이었구나.

새벽 두 시도 대낮같이 밝은
쓸쓸한 북해와 노르웨이가 만나는 곳
오가는 사람도 없어 잠들어가는
작고 늙은 땅에 손금처럼 남아
기울어진 나그네 되어 서 있는 길목들,
떠나버린 줄만 알았던 네가 일어나
가벼운 몸으로 손을 잡을 줄이야.

바람은 흐느끼는 부활인가, 추억인가,
떠돌며 힘들게 살아온 탓인지
아침이 되어서야 이슬에 젖는 바람의 잎.
무모한 생애의 고장난 신호등이
나이도 잊은 채 목 쉰 노래를 부른다.
두고 온 목소리가 나를 부른다.

바람이 늘 흐느낀다는 마을,
이 길목에 와서야 겨우 알겠다.

겨울 바다

그 이튿날에는 상심한 바다에
종일 함박눈이 내렸다.
천사의 춤도 잊고
후회의 옷도 남기지 않은 채
모두 바다가 되었다.

너와 나의 오랜 기다림도
다만 이승의 눈송이인가,
수직의 물 무늬로 녹아버린
지나간 숨소리인가.

빈자리 쓸린 해안에서
나를 다시 잡아 세워준 것,
고마운 인사도 전하기 전에
창백한 얼굴로 돌아선다.

그래, 약속하마,
종내 보이지 않던 외로움,

눈발 속에서 잠시 눈뜨고
얼마나 긴 세월이 지나갔는가.
함박눈 울고 있는
이 저녁 바다.

네팔에서 온 편지

이제야 사람이 꽃에 비유되는 이유를 알 것 같네요.
자신을 오랜만에 드러내는 돌과 돌 사이의 체온
단 열흘을 살면서 백 년의 침묵을 남기는 꽃,
말을 아껴 옷을 만들어 입는 사람들이라
그 목소리가 오다가 얼고 내 앞에서도 부서지네요.
추운 꽃은 웃지 않고도 나를 너무 잘 알고 있어요.

반년이 넘었는데도 손톱, 발톱은 자라지 않고
머리털도 여기저기 반 이상 빠져버렸습니다.
희박한 산소 때문이라느니 부실한 영양 때문이라 하지만
그간에 간직해온 내 몸의 복잡한 부품은 다 버리고
생명의 중심에 있는 야생화, 길고 뜨겁고 신비한
그 환생이 내 이름이고 마침내 끝이고 싶습니다.

유장천이라는 곳을 혹 아시는지요?
하늘에 피는 연꽃이 피었다가 잠드는 곳,
모든 하늘 중에서 제일 생각이 깊은 하늘이지요.

우리가 그림자만으로 한생을 사는 것 잘 아시듯
그 싱싱하고 평화로운 곳까지 무사히 가기 위해
공기를 낱알같이 한 개씩 먹는 법을 익히고 있습
니다.

드디어 하늘의 맨살에 도착한 것 같습니다.
공기의 위에서 내가 가벼워지기 시작합니다.
사면과 팔방이 하얗게 밝아집니다.
모든 소원이 이제야 피어나기 시작하네요.

독수리

잔인하기 위해
말을 안 하기로 했다.
소통은 정신을 죽인다.

성대가 없는 독수리 한 마리,
눈 다시 밝히고 겨울을 휘돌지만
사방의 추위에 얼어가는 하늘.

완강한 체념의 흉터 자국을,
소리 없는 살생의 비명을
벼랑 끝에서 토해낸다.

수만 개의 바람이 얼굴을 치고 가고
유배된 곳에 성근 집을 튼다.

씹어 삼킨 성대의 물비린내,
긴 햇수에 전 냄새가 역겹다.
벌써 찢어지는 바람의 겉장, 둘째 장.

언어의 연한 껍질을 버리기로 한다.
네가 주는 성대를 목에 넣으면
헤어진 숨결을 만날 수 있을까.

소리 내지 않고 살아낸
독수리의 빈 가슴 쪽으로
멍에를 도저히 버리지 못한
바람의 셋째 장, 그리고 넷째 장……

동면(冬眠)

1

 집 주위를 쏘다니던 수많은 도마뱀도, 잡풀 속을 옆으로 기던 능글맞은 뱀들도 요 몇 주 하나 보이지 않는다 했더니 친구는 겨울잠 자러 땅 밑으로 이사 간 것도 몰랐느냐며 놀린다. 악어도 개구리도 거북이도 아래층으로 내려가고, 심장 박동을 일 분에 다섯 번으로 줄여버린 개구리의 총명함을 설명한다. 곰이나 다람쥐나 오소리보다 파충류나 양서류의 동면이 더 고급스럽단다.

아래층과 위층,
지상과 지하를
조화롭게 오르내리는
지혜로운 변신,
낮에 일하고
밤에 잠자듯
리듬을 타고

여름에는 눈뜬 채 분주히 살고
겨울에는 눈 감고 천천히 산다.
(천천히 잘 사시는 아버지)

   2

사계절을 밤낮없이 지상만 누벼
세상의 긴 이치를 배우지 못한
땅 위와 땅 밑의 동격을 의심하는 머리,

어떤 동면은 너무 길어져, 때로
가진 살과 뼈까지 잠시 주기도 하지만
잘들 지내라, 낙엽 날리고 눈발 세차진다,
겸손하고 살가운 땅의 온기가 그립다.

나도 오랜만에 깊은 잠 자고 싶다.
미지의 내년 봄쯤에 잠 깨어나면

불안한 몸의 한기도 다 벗겨지고
향기 진한 내 꽃이 기다리고 있으리.

3

사람과 사람이 만나면
말을 나누던 시대가 있었다.
함께 웃던 시대가 있었다.
돌아보면 그지없이 하찮은 일상을
나는 바쁘다며 앞만 보고 달렸다.

겨울이 되어 모두 혼자가 되었다.
아무리 눈여겨 찾아도 보이지 않는다.
그리운 것은 어디서 동면에 들었는가.

잘 자고 있니?
수척하고 아쉬운 휴식,

숨도 쉬지 않고
꿈만 꾸는 너.
네가 참 보고 싶은데
지상이 깨어나질 않는다.
잘 자고 있니?

꽃밭에서

이제부터 나는
짧게 살겠다.
밤사이 거센 비바람 속에
휘어지고 눕혀진 굴종.
난초과 꽃가지나 풀꽃 쑥부쟁이,
누가 말해준 것일까
한낮이 되기도 전에
꼿꼿이 다시 일어서는 힘.
길도 잘 모르는 힘의 밑동이
모든 것 안고 또 감싸 안고
뜰을 뒤지며 따뜻해지네.

구차하지만 다 끝나기 전에
길게는 말고 한 십 년쯤 후,
그래도 내 지상의 어느 날 중에
당신에게 머리 숙이고 몰입하겠다.
가뭄이 와도 기죽지 않고
몇 광년의 속도가 세상을 보아도

몸은 바닥을 뒤집으며
그늘을 일으켜 세우고
변방의 속살까지 부추기면서
수줍음 한 송이 진 자리에
흰 꽃씨를 몇 개씩 내가 심겠다.

봄의 약속

지난밤 우리의 삶이
어디까지 갔었지?
산도 하나 넘고
배 저어 강도 하나 건너서
인연과 고통이 같은 것이라는
어려운 푯말만 읽고 헤어졌던가.

떠다니는 길에서 혼자가 되어
혹 연인에 취해 긴 잠이 들면
괜찮아, 돌아오지 않아도 된다.
지구의 가슴까지 이미 간 것을,
기다림과 황야가 같다는 것을,
누가 아니라 한들 섭섭해하랴.

살수록 추워지는 도시에 가도
긴 유언이 되어 움츠리지 않겠다.
내 뼈는 아직 너를 떠나지 않았다.
봄이 현란한 목소리로 웃고 있는 사이,

나이 든 구름이 하늘을 지나가고
아무도 믿지 않았던 그 약속이 도착한다.

국경은 메마르다

이제 알겠니,
내가 왜 너와 한몸이
되고 싶어 했는지.

나라와 나라 사이,
너와 나 사이,
마지막 거부의
칼날 빛 차가운 철책.

어색한 술수와 욕망으로
국경은 푸른 산을 가로지르고
물살 센 강물도 잘게 자른다.

그렇다, 국경의 피부는
거칠다.

이제 알겠니,
내가 왜 이리 오래도록

사랑하는 나라를 떠나 사는지.

그리고 이제 알겠니,
내가 왜 더 가까이 다가가
기회만 있으면 네 몸에 비벼댔는지,
광야의 비바람을 가리고
설레는 입술을 맞추고 말았는지.

지평선, 내 종점

넓고 긴 지평선을 여러 개 만났다.
적적한 날씨여서인지
모두들 이마를 맞대고
사이좋게 살고 있었다.

나도 안락한 삶을 살고 싶었다.
비 오는 날에는 하늘이 녹아
지평선의 살결을 지워버린다.
가지 않는 시간이 소문에 젖는다.

구겨진 살벌한 여정은
어차피 시야보다 멀리 지나가버리고
내 종점을 찾지 못할까 두려워한다.

반쯤은 허물어진 집에
황량한 나라에서 몰려오는 안개,
숲과 땅은 지평선을 다시 만드느라
계획했던 낙향을 미루고 있다.

국경은 메마르다 2

1

폐허도 아니고 나라마저 확실치 않은
미확인 보도만 바람에 날린다.
국경을 넘을 때는 이름표를 감춘
작은 벌레까지 표정이 굳어진다.

국경 근처에서는 들풀도 엎드려 산다.
흙먼지에 날리는 꽃은 반란의 얼굴들
양심도 가책도 국경선을 지우지 못한다.
나도 더 이상 흥정에 기대지 않겠다.

2

남미에서는 높은 산 눈 더미 속
능선을 따라 국경이 가쁜 숨을 쉬고
희박한 산소가 나라를 가르고 있었다.

아르헨티나 탱고가 스며드는 저쪽 강가에
가난한 나라 하나 국경을 치고 돈을 받았다.
폭포가 끝나는 곳에도 소음의 경계선.

뜨거운 중앙아메리카에도 국경은 넘쳐났다.
만나는 정글마다 기관단총을 든 군인들이
국경을 짓밟고 서서 불개미들을 죽였다.
두 시간을 헤매면 한 정글이 끝나고
정글 끝난 곳을 살피면 다른 표정의 푯말.

국경을 지나면 새 국가가 탄생하고
세 시간을 더 가면 그 국가가 죽어버렸다.
돈 몇 푼이면 아래위를 보는 척하다
아무나 건너가고 땀 닦고 건너오는 줄,
고무줄보다 허술한 것이 늘어져 있었다.

3

세상에서 가장 어렵고 두꺼운 국경은
같은 민족 사이에 버티고 있었다.
왜 하필 여기에 있을까 생각할 여유도 없이
철책을 넘어도 다른 막강의 문이 막아서고
지뢰는 수만 개씩 터질 준비로 들썩거리고
서로 겨눈 총들의 눈동자는 충혈되어 있었다.

그 뒤로 탱크와 오만 가지 무기가 부동자세로 선
아무도 이해할 수 없는 치명적 국경.
국경의 빈 하늘에는 새 몇 마리 생각에 잠겨
병신들, 병신들 하며 아무 데나 날아다녔다.
체념의 머리 위에도 곧 국경이 생기겠지.
병신들, 소리가 삭발한 초소 쪽으로 퍼져갔다.

치매

멀리 그늘진 눈은
물상 보기를 그치시고
별과 갈대의 수명을 점치신다.
몰락한 안부만 귀하게 간직한 채
돌밭을 일구는 쟁기가 되어
수상한 뿌리까지 슑아내신다.

복잡한 겉보기에 심신이 지쳐
외진 곳의 속내만 내도록 보시는 눈,
사려 깊고 투명한 두 손을 접고
지나온 길만 돌아보시는 어머니.
당신의 얼굴을 씻겨드리면
추위와 주름살이 함께 벗겨진다.
살아온 이력에서 피가 배어나온다.

어두운 꿈의 내용은
가슴이 아파서 덮어둔다.
오늘은 어디로 도망가버리고

지난날만 조명되어 밝게 보인다.
사무치게 그리운 사람 만나신다고
박명의 빈 들판을 향해 매일
먼 길 떠나시는 내 어머니.

고래

오래전 고국에서 친구를 만나면
눈을 붉힌 채 방향 없이 악을 쓰며 자꾸
고래 사냥을 가자고 해서 의아해했는데
그 친구들도 백발 되어 하나둘 아파하는 이제야
그때의 고래라는 것이 희망이나 자유나 젊음같이
거칠 것 없는 용솟음이었다는 것을 알게 되었네.

그 이후 낯선 바닷가에 나가 고래들을 만나면
멀리서 희망이나 용기가 저런 것이려니 부러워만 했지.
물론 뜻밖의 어항에서는 자유가 작살에 맞아 죽어
온 동네가 긴장의 핏물과 절망이 된 것도 보았어.
이제 그 고래들 지구 온난화로 먹을거리 찾기 힘들고
바다의 북쪽 구석으로 흐르며 멸종되어갈 것이라
는데
 갈비뼈 수면에 드러낸 채 푸른색의 신음이 들리니?

신나게 부르던 유행가는 언제 어느 세월 타고 떠나고
어떻게 항해를 시작하는지도 진작에 잊고 말았지만

시든 고래들의 작은 눈 굴림, 그 시절의 철없는 젊음,
친구는 목 쉰 소리로 아, 떠나자고 하다 울기 시작하네.
흩어진 자유의 고래 등은 순정의 물을 높이 뿜어 올리고
추억의 몸을 황홀하게 감싸는 물 무지개 한 개, 또 한 개.

내 나라

내 나라! 하고 크게 부르면
내 아들아! 하고 대답하는,
정겨운 목소리가 메아리 되는
그런 나라에서 살고 싶어라.

춥고 어두운 곳에서 만들어낸
민족이니 민중이니 계층을 떠나
이데올로기, 사상이니 좌우를 떠나
그런 투쟁의 외마디 억압을 떠나
아무도 어디로 소외되지 않는 땅.

내 나라야! 부르면 나비가 날고
내 아들아! 대답 들으면 꽃잎이 트는
따뜻한 풍경이 되어 웃고 사는 축일,
나는 약속대로 오래 죽어서 살았다.
떠나라는 말 듣고도 울지 않았다.

햇살이 넘치고 수평선이 출렁인다.

그런 나라가 더 이상은 없다면
나는 태어나지 않고 혼자 살리라,
멀리서 내 나라를 그리워만 하리라.

밤의 묵시록

잠에 빠져서, 잠의
긴 강을 헤엄치며 허우적거리며
벽 한구석을 더듬어 만지다
물 밑인가, 문을 열고 얼결에
꿈의 빈방으로 들어서는 것은,
그 공간에서 그리운 사람을 만나는 것은
신기하여라, 내 잠 속에 가득한 생명.

꿈으로 들어가는 많은 길,
세상의 생사와는 관계없는 교유가
나를 출렁이고 숨차게 하네.
우리의 살결이 숨차게 하네.

이 꿈과 저 꿈을 밤새 오가며, 헤엄치며
언제쯤 당신 방을 발견할 수 있을지
그 기대 속에 오늘도 잠을 설치느니
녹슬어가는 신경, 흔들리는 편견이여.

늘 밝고 아름다웠던 이곳의 소문은
지상의 마지막 잠에서 당신 방을 찾는 것,
반가움의 긴 눈물로 함께 잠길 수 있다면
죽음은 얼마나 반갑고 화려할 것인가.
우리는 또 얼마나 활기차게 타오를 것인가.

낮달은 왜 흰빛인가

남북 갈등이니 남남 갈등이
도시와 나라의 온 공간에 넘치고
증오와 시위와 욕설과 통곡으로
하루 지내기가 이리도 힘겨운 때
낮달은 왜 말도 없이 흰빛인가.

파란 여름 하늘에 둥근 빈터 하나,
자세히 보면 공중의 유일한 작은 구멍이
보라는 듯 힘을 다 빼고 떠 있는 내 님인가.
물 흐르듯 살라며 어깨 토닥여주는 님인가.
당신은 왜 세상에도 없는 색깔로 남아
온갖 시비와 주장을 부질없다고만 하는가.

가볍게, 그러나 비틀거리지는 말고
가볍게, 그러나 끝내 쓰러지지는 말고
이긴 자들 다 모여 술잔을 들 때
텅 빈 공간의 튼튼한 윤기의 집이 되어
세상에서 진 자들의 쉴 자리가 되고

계산 없는 위로의 물잔을 건네주는 곳.

두 손으로 하늘을 쓰다듬는다.
빈터가 내 손을 반긴다.
갈등이 다 죽어 흰빛으로 하늘에 닿고
한집에 모두 모여 놀아줄
그 반가운 눈빛들이 보인다.

동백을 보내며

1. 봄비

봄이 뒤뜰에서 잠자는 동안
붉은 입술만 가지고 와서
처음부터 나를 떨게 하던 꽃,
긴 잠 깨어 봄비 맞는 날
뒤도 돌아보지 않고 노여움에
퍽, 퍽 소리 내며 땅에 지던 꽃.

떠나지 마라
그림자 가득한 저 큰 눈,
왜 울타리 꽃이 되었느냐고
원망하는 희미한 방언마저도
헤쳐온 길목에 몸이 다 젖어
목도리도 외투도 벗어던지고
맨몸으로 다가오는
봄의 가슴들.

2. 버클리 대학 겹동백

다시 시작했으면 좋겠다.
모두 자기 자리로 되돌아가서
동백은 고창 선운사 뒷길, 아니면
부산이나 마산 쪽에서 하나씩 시작해
초순경에 내 방을 올려다보는 눈.
버클리 대학 겹동백의 붉은 꽃잎이 되거나
대학 교정을 종일 싸도는 노란 꽃술이 되거나.

언제라도 지도 없이도
나는 네게 갈 수가 있다.
사십 년 이상 닳도록 넘나든 태평양,
그 거리와 폭음과 시차를 다 돌려주고
안팎을 둘러싸고 있는 정갈한 혼과
겹동백의 침묵만 싸들고 돌아가겠다.

완전한 것은 이승에는 없다.

동백, 당신이 내 속에서 울먹여
내가 겨우 연명할 뿐이다, 그뿐이다.

3. 아버지의 동백

10대 나이에 연상의 유부녀를 사랑한 내 아버지,
배신으로 헤어진 후, 추억의 책 한 권 출간하셨는데
그 표지 그림은 붉게 피 흘리며 만개한 동백 한 송이.
오랜만에 다시 보는 연상의 동백이 많이도 늙어 있다.

해가 가도 일주일의 동거와 추운 기다림만 남아 있는
봄 날씨보다 먼저 피어서 석양 속으로 지는 두 **뺨**,
아버지 떠나신 지도 한참 되었는데 아직도 당신인가,
원망의 시선 감추지 못하고 동백을 찾던 목소리가
떤다.

제2부

자장가

어릴 때 어머니가 불러주신 자장가,
그 노래 너무 슬프게만 들려서 자주
나는 어머니 등에 기댄 채 울었다지요.
잠 대신 등에 기대어 울고 있는 아들이
왜 그리 심약한지 걱정이 크셨다지요?

그 슬픈 자장가는 도시 늙지도 않는지
정확하게 기억나는 시든 사연과 음정,
오늘은 나를 겨우 알아보시는 어머니께
피곤한 어깨 만져드리며 작게 불러드립니다.

어머니는 무슨 생각에 잠기셨나요?
울지도 웃지도 않으시고 물끄러미
긴 세월을 돌아 나를 보시는 어머니.
자장가는 영원히 자식들만의 것인지
노래를 부르다가 터져 나오는 내 울음,
입술을 깨물어도 도저히 그칠 수가 없네요.

여름의 침묵

그 여름철 혼자 미주의 서북쪽을 여행하면서
다코다 주에 들어선 것을 알자마자 길을 잃었다.
길은 있었지만 사람이나 집이 보이지 않았다.
대낮의 하늘 아래 메밀밭만 천지를 덮고 있었다.
메밀밭 시야의 마지막에는 잘 익은 뭉게구름이 있었다.
구름이 메밀밭을 키우고 있었던지, 그냥 동거를 했던 것인지,
사방이 너무 조용해 몸도 자동차도 움직일 수 없었다.

나는 내 생의 전말같이 무엇에 홀려 헤매고 있었던 것일까.
소리 없이 나를 친 바람 한 줄을 사람인줄 착각했었다.
오랫동안 침묵한 공기는 무거운 무게를 가지고 있다는 것,
아무도 없이 무게만 쌓인 드넓은 곳은 마른 권태라

는 것,
 그래도 모든 풍경은 떠나는 길손의 발걸음이라는 것,
 그 아무것도 모르는 네가 무슨 남자냐고 메밀이 물었다.

 그날 간신히 말 없는 벌판을 아무렇게나 헤집고 떠나온 후
 구름은 다음 날에도 메밀밭을 껴안고 잠들었던 것인지,
 잠자는 한여름의 극진한 사랑은 침묵만 지켜내는 것인지,
 나중에 여러 곳에서 늙어버린 메밀을 만나 공손히 물어도
 그 여름의 환한 뭉게구름도, 내 이름도 기억하지 못하고
 면벽한 고행 속, 그 흔한 망각의 시간만 매만지고 있었다.

둥지를 만드는 날

새들은 바람 부는 날을 골라
둥지 만들기를 시작한다.
둥지가 바람에 부서지지 말라고
알이나 새끼가 바람에 날아가지 말라고.

바람 센 날에만 부산하게
새들은 둥지의 큰 틀을 만든다.
바람 불어오는 쪽의 벽을 더 두텁게
큰 가지로 다시 단단히 막고 싸고
가지와 가지 사이를 세밀하게 엮는다.

아이들이 다 자라서 떠나버린
텅 빈 내 집이 천천히 한쪽으로 기운다.
크고 작은 부담을 튼튼히 막아주던 집
새끼들이 다 떠나자 기울기 시작한다.
무게 중심이 달라져서 위험해진 집,
두꺼운 벽 쪽이 지는 해를 따라 쓰러져간다.

은퇴를 하고 겨울이 채 오기도 전에
차세히 보면 아무도 살지 않는 새 둥지,
나는 떠나지 못하고 힘없는 날개만 탓하는데
영리한 새들은 불길한 예감을 퍼뜨리고 있다.
폐가가 되어버린 일회용 욕망의 둥지,
빛바랜 빈 역사가 살고 있는 내 집.

잠깐
──죽은 친구 시인 영태에게

'한세상이 참 잠깐이네.'
그의 손이 내 손에게 말해주었다.
친구는 암으로 죽어가면서
찾아오는 이 드문 아파트 방
작은 신음으로 나를 만졌다.

감추어둔 참혹한 외로움의 손,
항암 치료로 멍들고 해진 손이 가볍다.
손만 써서 연명하던 눈 감은 손,
물방울 몇 개 얼굴 밖으로 번졌다.

사람은 죽어서 이름을 남긴다는 말,
잠시 생각하다 문밖으로 던져버렸다.
(기름 바른 그 이름 어디에 쓴다구!)
차라리 피부를 감싸던 푸른 아우라,
혼이 빠져나간다는 말만 방을 맴돌았다.

내가 떠난 며칠 뒤, 그가 죽었다.

영안실이나마 편안하게 붐볐기를,
내가 돕지 못한 죽음 후의 빈 수속들
그의 화장이, 그의 수목장이 순순히 풀려
없는 가슴이나마 아프지 않았기를.

오락가락 밤잠 설쳤던 지난밤에는
태평양 숨 가쁘게 건너온 그의 손이
눈물 묻은 내 손에게 말해주었다.
'세상 참 잠깐이네, 잠깐……'
(암, 가엾은 내 친구, 잠깐이구말구.)

과메기

감포라는 작은 어촌이 경남인지 경북인지
나는 아직도 확실히 알지 못하지만
경계 없이 거침없이 종일 봄비가 내리는
안개 덮힌 포구를 다독이는 물살 사이
'과메기'라는 간판이 갑자기 많다.

'과메기가 뭐지요?'
'이 근처 바다에서 많이 잡히는 물고기,
말려서 구워 먹으면 술안주에 좋지요.'
갑자기 내가 고국을 떠나 산
길고 긴 세월이 비까지 가린다.

오래전 중생대의 백악기 지층이라면
감포는 경상 누층군 어디쯤인데,
화석이 되어 돌 속을 헤엄치는 그 옛날
과메기라고 부르던 물고기가 있었던가.

낮술에 취해 잠시 눈 감은 사이

과메기 한 마리 녹슨 아가미 털고 나와
빗소리로 주위를 허물고 내 손을 잡는다.

'나는 날씨가 추워져야 바다에 가지.
나는 바다에 많이 있으니까 다시 와서
그때 몇 마리 술안주 삼아 먹어봐.
네가 먹으면 나는 한동안 네가 될 것이고
내 눈과 귀는 핏줄에 들어가 너를 알게 되지.
네 불면의 뇌수도 환히 보게 될 거야.'

과메기라는 것은 얼마나 멀리에 있는 것일까.
중생대도, 내가 고국을 떠난 해도 다 멀기만 한데
내 속 다 알고 있는 과메기가 경상도 비가 되어
오늘은 감포 앞바다가 더없이 귀해 보인다.

익숙지 않다

그렇다, 나는 아직
세상을 어떻게 살아야 하는지
익숙지 않다.

강물은 여전히 우리를 위해
눈빛을 열고 매일 밝힌다지만
시들어가는 날은 고개 숙인 채
길 잃고 헤매기만 하느니.

가난한 마음이란 어떤 삶인지,
따뜻한 삶이란 무슨 뜻인지,
나는 모두 익숙지 않다.

죽어가는 친구의 울음도
전혀 익숙지 않다.
친구의 재 가루를 뿌리는
침몰하는 내 육신의 아픔도,
눈물도, 외진 곳의 이명도

익숙지 않다.

어느 빈 땅에 벗고 나서야
세상의 만사가 환히 보이고
웃고 포기하는 일이 편안해질까.

장미의 날

장미나무 꽃대 하나
좁은 땅에 심어놓고
몇 달 꽃 피울 때까지
나는 꽃이 웃는다는 말
비유인 줄만 알았다.

작은 잎의 상처도 아파
조심해 연한 물을 주고
긴 잠 깨어 안심할 때까지
장미가 말을 한다는 것도
도저히 믿지 않고 살았다.
이 나이 되어서야 참으로
꽃이 웃는 모습을 보다니,
젖은 입술의 부드러운 열기로
내게 기대는 것을 보다니!

그러니 은밀한 관계여
영문 모르는 애인이여,

장미가 울기까지 한다는 것은
이승에서는 감당키 어려워
어느 날쯤 못 들은 척, 또 모르는 척
멀리 외면하고 그냥 지나가리.

파타고니아의 양

거친 들판에 흐린 하늘 몇 개만 떠 있었어.
내가 사랑을 느끼지 못한다 해도
어딘가에 존재한다는 것만은 믿어보라고 했지?
그래도 굶주린 콘도르는 칼바람같이
살아 있는 양들의 눈을 빼먹고, 나는
장님이 된 양을 통째로 구워 며칠째 먹었다.

어금니 두 개뿐, 양들은 아예 윗니가 없다.
열 살이 넘으면 아랫니마저 차츰 닳아 없어지고
가시보다 드센 파타고니아 들풀을 먹을 수 없어
잇몸으로 피 흘리다 먹기를 포기하고 죽는 양들.

사랑이 어딘가에 존재할 것이라고 믿으면, 혹시
파타고니아의 하늘은 하루쯤 환한 몸을 열어줄까?
짐승 타는 냄새로 추운 벌판은 침묵보다 살벌해지고
올려다볼 별 하나 없어 아픈 상처만 덧나고 있다.
남미의 남쪽 변경에서 만난 양들은 계속 죽기만 해서
나는 아직도 숨겨온 내 이야기를 시작하지 못했다.

이별

내가 비밀 한 가지를 알려줄게.
우리는 단일민족이 아니야.
내 아내는 여진족 여자고
내 아버지는 몽고족 피가 틀림없어.
웅크리고 있던 가야도 결국
이리저리 피가 섞이고 말았으니까.

할아버지, 아버지의 피는 나를 통해
확실히 자식들에게 흘러갔겠지만
내 딸이나 나는 적당히 섞은 비빔밥.
우리는 그저 한가족이고 마음 맞는 이웃,
이웃은 사촌이고 아들, 딸은 일촌이야.

잘 있어, 나는 이제 떠나야 해.
병든 불륜 때문에 떠나는 건 아니야.
이제는 피의 길이야, 우리가 살길이야.
혈장에 뜬 백혈구와 적혈구를 찾는 길이야.

맞아, 우리 조상은 대식국인에게도 반했고
몽고인에게는 백 년간이나 강간당했고
중국인의 씨받이, 일본인의 첩살이도 했어.
그 자식들이 바로 너와 나지, 한핏줄이라니!
모르겠으면 인순이나 윤수일의 노래를 들어봐.
내 조카는 러시아인 손녀와 결혼해 아빠가 됐지.

민족을 파는 외판원은 더 이상 만나지 마.
부끄러운 편이 거짓말의 역사보다는 나은 거야.
가야국 사람들은 원래 쌍꺼풀눈이 없었어.
어디에 가도 민족과 땅이 저주와 고통의 본산지야.

더 이상 비밀은 없다, 우리는 한핏줄이 아니야.
사람과 사람이 문제야, 착한 성정과 병약한 토끼,
굶주린 늑대의 흑심과 인간 돼지의 차이야.

잘 있어, 우리가 다시 보지 못한다 해도
우리가 함께 살지 못한 저 드넓은 새벽,

그곳만이 언젠가 우리를 무지개로 만들어줄 거야.
하나가 아닌 여러 개의 빛이 모여 춤추는 날,
김씨도 이씨도 박씨도 아닌 모든 인파의 춤
그 빛의 포옹이 제일 아름다운 것임을 보여줄 거야.

수목장

가까웠던 친구의 수목장 자리를 찾아가니
생전의 그와는 무슨 큰 인연이 있었던 것인지
멋부린 측백나무 한 그루가 이리 오라 손짓하네.
주춤거리며 나무에 다가가 둥치를 어루만져도
친구의 마지막 두 해, 속 쓰리게 더듬던 그의 말도
파란 그늘로 번지던 외로움도 전혀 보이지 않네.
엉거주춤 뼛가루라도 핥듯 깊은 절을 몇 번 해도
목소리는 벌써 나그네 되었는지 나뭇잎만 떨고
빈 눈도, 빈손도, 빈 마음도 기대 놓을 곳이 없네.

강화도 전등사 뒤 언덕, 흩어져 서 있는 나무들 목에
더러운 띠를 두른 것이 너를 안고 있다는 표식인지.
일 년도 안 되었는데 작은 플라스틱 명패도 지워져
그 지워져가는 작은 혼령이 새벽 독경 소리에 잠을 깨고
적적한 저녁 범종 소리에 눈을 감고 잠든다는 것인가.
죽고 사는 것이 미혹 속의 일이라지만, 기억의 가

루들이여,

　어느새 한낮, 내년에 다시 살아 돌아올 수 있을지 몰라
　나무 모양이나 알아놓자고 햇살 사이로 고개 틀어 돌아보니
　장난기 섞인 눈으로 친구가 거기 두 손 들고 웃고 있네.
　그럼 그렇지, 내 친구, 아쉬움 털어낸 모습이 참 보기 좋구나.

예수의 땅

풀꽃도 그 흔한 개망초도 보이지 않는 언덕에서
온종일 메마른 흙먼지만 뒤집어쓰다 보면
그 먼지 땀 젖은 얼굴에서 몇 달씩 썩히다 보면
서로 사랑하라는 말이 전혀 낯설 수밖에 없겠지.
사랑이 첫번째 계명이라고 목이 쉬는 예수를
십자가에 못 박으라는 유대인식 정의의 외침이
돌밭의 긴 바람처럼 방향 없이 나를 흔든다.
피 흘리는 이런 땅에서 사람을 사랑하라 외치다니!

바보라고 버림받은 예수는 오래전에 길 떠나고
하늘은 살벌한 총받이 되어 무겁게 가라앉는다.
그 낮은 하늘에 나는 누워 낮잠 자기 편하구나.
가출한 열흘째 섭씨 43도의 열기는 가시지 않고
그보다 더 뜨거운 확신이 내 가슴을 채운다.
지나온 역사의 골목마다 영리하고 정확한 총소리,
오늘도 젊은 혼이 늙은 땅을 피칠하며 쓰러진다.
문득 마음이 가난한 자가 흔하게 보이기 시작한다.

갈릴레아 호수

바다같이 넓고 조용한 호숫가에 섰다.
무능하고 허기진 사람들은 언덕 쪽으로 숨고
그 새벽녘 예수가 그물을 던지라고 한 기슭은
여명의 빛에 얼굴만 붉히고 있었다.
사람을 낚는 어부가 되려고 베드로는
오래전 배낭을 지고 호수를 떠나고
틸라피아 물고기 두 마리와 빵 몇 개 손에 들고
호수 건너 언덕에서 두 손 들고 하늘만 보는 이,
땀에 젖은 가슴과 피곤에 지친 소명 때문에
어질고 순한 목소리가 호수에 물살을 만든다.
그 담수어 두 마리로 그는 수천 명을 먹였다는데
나는 두 마리를 다 구워 그 저녁,
혼자 돌아서서 배불리 먹어버렸다.

그때는 무리가 다 먹고도 남은 것이 또
몇 광주리에 차고도 남았다는데
내가 먹고 일어난 자리에는 생선 뼈와 비린내만
남고

비린 침을 뱉으며 배부른 숙소를 찾아가는 내게
예수가 쉬던 곳에 아직 남아 있던 사람들,
들꽃이 되어버린 자기들을 씹으며 가라 하네.
비린 입냄새를 꽃으로 지우고 가라 하네.
입냄새와 집 찾기가 무슨 관계인지는 아직 모르지만
들꽃이 저녁을 흔들며 불러주던 고운 노래는
나를 떠나지 않고 불면의 밤을 다독여주었네.

2

다음 날 아침에도
호수 위를 걸어가는 사람은 아무도 없었다.
수면 위에는 어수룩한 언덕만 보였다 지워지고
그 물 위에 편안히 앉아 있는 갈매기 몇 마리,
보이는 물상만 움켜쥐고 살아온 내 뼈에게
눈에 안 보이는 것들은 담백하고 겸손하구나.
진정한 기쁨을 아는 떠돌이 순례자는

누더기 옷에 빵 한 조각 들고 웃으며 가고
두려워 말라는 소리가 햇살 눈부신 쪽,
호수의 깊은 곳에서 소중하게 들려왔다.

* 틸라피아tilapia: 일명 '베드로의 물고기'라고 불리는 담수어로
 이스라엘의 갈릴레아 호수에 많다.

디아스포라의 황혼

내가 원했던 일은 아니지만
안녕히 계세요,
나는 이제 떠나겠습니다.
산다는 것은 늘 떠나는 것이라지만
강물도 하루 종일 떠나기만 하고
물살의 혼처럼 물새 몇 마리
내 눈에 흰 그림자를 남겨줍니다.

한평생이라는 것이
길고 지루하기만 한 것인지,
덧없이 짧기만 한 것인지
가늠할 수 없는 고개까지 왔습니다.
그대를 지켜만 보며, 기다리며
나는 어느 변방에서 산 것입니까.

순박하고 트인 삶만이 시인의 길이고
마지막 유산일 것이라고 굳게 믿었던
경건하고 싱싱한 날들은 멀리 가고

저녁이 색을 바꾸며 졸고 있습니다.

당신의 마지막 포옹만 믿겠습니다.
내 노래는 그대를 만나서야, 드디어
벗은 몸의 황홀한 화음을 탔습니다.
주위의 감정이 눈치 보며 소리 죽이고
숨결의 부드러움만 내게 남는 것이
이 나이 되어서야 새삼 눈물겹네요.

몸부림을 넘어

하얀 물새 한 마리 못가에 서서 목을 뺀 채 부동자세다.

십 분 후에 다시 보아도 똑같이 모습은 흐트러지지 않는다.

햇살 뜨거운 대낮에 온몸 완전히 얼어버린 새의 몸부림.

우아한 환상의 자세는 육탈이 되어도 활동을 죽이는 것.

다리가 아파도 목마른 부동의 모습은 사색도 관조도 아니야.

한번에 단지 한 사람만을 사랑할 수 있다는 그 넓은 품.

지칠 수 없는 초조한 자세, 처절한 은신의 비밀일 뿐이야.

물속을 걷는 것보다 몸을 마비시키는 것은 더 힘들다.

물가에서 자세 고치지 않는 새는 육식을 노리는 젊

은 새,

    젊은 새는 초점 맞추느라 눈이 작고, 늙으면 연민만 남는다.

    참을성이 없어 집중도 몰두도 못 해 먹이들 다 도망쳐버린 후

    물가의 꽃잎이나 따먹고 물풀에 입 씻는 내 나이 또래 늙은 새.

    그러면 인내니 끈기니 고집이라는 것도 힘 중의 하나가 되는가,

    그렇구나, 진혼의 외진 곳을 끝내 함구하는 것도 힘이 되는구나.

    어디 있는 거니? 정말,

    당신이 움직이지 않아

    나는 도저히 찾을 수가 없다.

    보일까? 무서워하지 말고

    머리를 들어 한번 올려볼까?

북해의 억새

정확히는 해안이 아니었어.
북해를 하염없이 내려다보고 있는 능선,
그 언덕에 핀 지천의 은빛 억새꽃이
며칠째 메아리의 날개를 내게 팔았지.
저녁 바람을 만나는 억새의 황홀을 정말 아니?

그래도 가을 한 자락이 황혼 쪽에 남았다고
암술과 수술을 구별하기 힘든 억새꽃이
뺨 위의 멍 자국만 남은 내게 다가와
만발한 집착은 버려야 한다고 중얼거렸다.

나는 왜 오래 장소에만 집착하며 살아왔는지,
내가 사는 곳에는 사철 열등감만 차 있고
눈이 올 듯 늘 어둡고 흐려야만 안심을 했지.
그래서 순천에서 만난 억새는 놀라움이었어.
북해에 살던 그 풀들도 친척이 된다는 말,
얼마나 내 묵은 심사를 편하게 해주었던지.

나는 이제 아무 데나 엎드려 잠잘 수 있다.
하루 종일 자유롭게 길 떠나는 씨를 안은 꽃,
꽃이라 부르기엔 눈치 보이던, 북해의
외딴 억새도 고향의 화사한 피의 형제라니!
저녁이면 음정이 같은 메아리가 된다니!

변하지 않는 시야에 서 있는 귀향의 끝,
평범하게 말 없이 살자고 약속했던 그대여,
끝없는 추락까지 그리워하며 잠들던 그대여,
나도 안다, 우리는 아직 여행을 끝내지 않았다.
내가 찾던 평생의 길고 수척한 행복을 우연히
넓게 퍼진 수억의 낙화 속에서 찾았을 뿐이다.

예루살렘의 발

숨 쉬기도 힘들어 그늘만 찾아다니는 내 발,
살아 움직이는 것은 먼지 쓴 모래와 돌,
밤새도록 눈을 붉힌 채 골목을 누비고
시끄러운 시장터가 되어버린 골고다 언덕.
그 뒷길로 나무 십자가를 무겁게 끌고 가는 자,
피의 상처는 땅에 흘러 새 한 마리 목을 축이고
눈치 보이고 더위에 지쳐 길옆에 쭈그려 앉으니
나를 지나쳐 혼자 걸어가는 저 상처 깊은 맨발,
2천 년 전의 일을 기억해 무엇에 쓰냐며 그간
옆 골목에서는 자동소총 소리 불꽃이 튄다.
몸을 움츠리고 눈치 마냥 보며 골목길을 뛴다.
지나가는 것은 가게 하고 돌아오는 비명의 무거움,
쓰러지고 일어나는 피의 순명, 상처 깊은 내 발.

두 개의 2월

바다야, 힘들게 숨 쉬는 바다야,
2월에 목련은 꽃 피지 않는다.
겨울은 차갑게 칼바람을 입에 물어
매끈한 얼음의 살결도 가져보지 못하고
넓은 빙판으로 굳어보지도 못했구나.

내가 떠나야 하는 것은 순리다.
한 번의 추위는 실수로 넘긴다 해도
목련만 기다리며 세월을 막을 수는 없다.
그간에 아버지는 돌아가셨고
동생마저 어디로 떠나고 말았다.

정직하고 확신의 행동만이 감동이라고
속아서 한 번도 얼어보지 못한 바다,
예감에만 기대던 목마른 시절 끝내고
숱한 목련꽃 젊은 채로 잠들었다.
2월이 지나간다, 꽃 피지 않았다,
마르고 순한 우리들의 진한 청춘만……

아이스크림

젊고 싱싱한 아이스크림을 먹는다.
딱딱하게 언 것은 부드럽게 녹여
나이에 알맞게 부풀려 먹는다.
고체가 액체가 되어 몸에 스민다.
달고 맛있는 것은 이를 시리게 한다.
예쁘게 애교를 풍기는 아이스크림.

천천히 두 손으로 어루만져주면
모양 좋은 형용사가 얼굴을 열게 한다.
시원한 단어 위에 색을 뿌려놓는다.
네가 남겨놓은 생애가 여기서 꽃핀다.
보이지 않는다고 못 만나는 것은 아니다.
우리는 맛으로 만나서 입술로 껴안는다.
아담한 몸이 되어 뒤돌아보는 소멸의 맛.

제3부

40대

내 40대는 분별없이 너무 빨랐어.
경주용 자동차로 달린 것도 아니고
비행기만 타고 돌아다닌 것도 아닌데
태평양의 일부 변경선을 건너가듯
한순간에 하루가 지나고 한 달이 지나갔어.
눈여겨 조심스럽게 보지도 않았지만
정확하게 보이는 것은 세상에 없었지.
대충 짐작만으로 살아가면서 과거는 과거,
역사는 물 건너간 것, 미래는 그냥 빈 창고.

더 이상은 생각하며 살지 않겠다고
더 이상은 뒤돌아보며 살지 않겠다고
40대의 흔들다리를 건너가며 소리쳤지.
40대가 끝나면 내 생도 막을 내리리라고
끝이 아니라면 벼랑이라도 있을 줄 알았어.
내가 산 것이 아니라 산 것이 나를 지나쳤지.
환멸 같은, 번갯불 같은, 가을비 같은 40대.
중년의 선혈이 비감하게 죽어 산속에 드는
진하고 쓸쓸한 밤길을 자주 머리로 보았어.

복사꽃 낙화

다도해의 담장 쪽으로
남도의 양지 쪽이나 섬마을 뒤쪽으로
봄날의 분홍 햇살이 된 복사꽃을 보면
그 복사꽃 무진으로 날리는 것 보면
내가 이 나이에 열심히 준비해야 할 것은
미련하게 정든 세상의 한 부분이 되는 것,
물을 만나면 물로 녹아버리고
흙을 만나면 손잡고 함께 흙이 되고
처녀를 만나면 만개의 얼굴로 웃는 것.

그렇게 살다 보면 남도의 복사꽃이
봄이 어느새 다 지나가는 줄도 모르고
나를 절친한 친구로 혹 알아주려는지.
사람을 만나면 더 이상 피하지 않고
정성 들여 그이의 팔과 다리가 되리.
적어도 백 년쯤 세월은 살아 돌아오겠지.
나는 그 돌아온 세상에서 복사꽃이 되어
꽃도 잎도 모습도 다 잊고 어깨춤 추리.

고수의 추임새 속으로 진한 몸을 던져
외로워도 모습 지키는 고운 낙화가 되리.

수련

여보, 세월이 그렇게
다 지나갔습니다.

진정하기 힘들어하는 물은
윤회의 업보 속에서
비가 되어 지상에 다시 내리고
미세하고 생각 많은 물만
행선지 바꾸어 안개가 되었는지,
종국에는 당신의 말년까지 찾아가
몽상의 흰 수련으로 태어납니다.

뭐라고 했습니까, 내가
높거나 깊은 사상도
당신의 이마만 못하고
부푼 가슴만 못하다 하지 않았나요.

오늘 피어난 수련은 한나절
왠지 내 눈을 자꾸 피하네요.

스며드는 부끄러운 소문처럼
주위가 차츰 어색해집니다.
당신의 인기척이 사방에 퍼지는 것은
내가 떠날 시간이 된 때문일까요.
여보, 모든 게 너무 빨리 지나갔습니다.

나일 강 일지

1

 탄자니아의 숲에 모였다가 맨발로 함께 길을 떠났다.
 짐도 대충 꾸려 싸들고 웃옷도 걸치지 못한 채 뛰기도 했다.
 누군가 약해 보인다며 백 나일이란 이름도 얼결에 얻고
 타나 호수에서 온 에티오피아 말 능숙한 청 나일 강을 만나
 햇살 뜨거운 사막을 헤매다 어느 나라 일몰의 하숙집에서
 우리는 한몸이 되어 한동안 뜨겁게 뒤척이다 늦어졌지만
 모두를 만족하게 적셔주었어, 그때 내 과거도 씻겨나갔지.
 긴 강은 그 흐름을 보이지 않고, 큰 소리도 내지 않는다지만
 핑계를 만들어서라도 그 아픔이 내 살과 피가 되기

를 바랐지.

  그리고 우리는 함께 제일 길고 외로운 강을 만들어 냈던 거야.

    2

  수단에서 이집트로 오는 국경은 먼지에 덮여 보이지 않았다.

  모래와 침묵과 흙 구릉만 희미한 지상에 끝없이 차 있어서

  5천 년 전에 쌓은 바위, 피라미드에서는 잠시 고개만 들었을 뿐,

  문명의 발상지는 너무 늙어, 읽기 힘든 휴지 조각만 날리고

  별을 먹고 사는 낙타들은 타락한 우리와는 눈길 마주치지 않았어.

  어차피 열기 때문에 눈을 뜨고는 뒤처진 우리도 살

기 힘든 곳,

쌍꺼풀눈으로 초점을 버리고 세상의 속만 유심히 보는 주민들과

전쟁이 휩쓸어간 듯 짓다 만 흙집들이 줄 서서 강변을 막고 있었지.

그러나 먼지 속의 비밀, 사철 푸른 대추야자수와 사탕수수밭 사이,

희고 작은 당나귀들이 꿈속의 어머니같이 우리에게 손 흔들어주었어.

3

목숨을 놓을 때까지는 어디고 떠돌며 살기로 결심한 그날같이

우리는 길고 쓴 여행의 종말은 죽음뿐이라는 것을 알고 말았어.

아무리 뒤져도 줄 것이 없는 둔덕에 메아리조차 안

돌아오는데,

  내 대답은 어느 나라 말이었을까. 5천 년 전의 왕릉의 내부에서

  벽마다 틈도 없이 차 있던 상형문자들이 나를 부르던 소리.

  내 이름은 올빼미와 독수리 한 마리, 네 이름은 발과 손과 뱀,

  상형을 떠나, 헐벗은 기차로 카이로를 떠나 알렉산드리아로 향했다.

  강은 나를 따른다면서 한눈만 팔고 부엽토의 삼각주가 농염하게

  문명의 탈을 쓴 왕들과 장군과 미녀와 짓밟힌 노예들에게 섞이고

  강은 선잠을 깨며 따뜻한 지중해의 품으로 몸을 숨기고 있었다.

기도하는 아랍인

1

그 흔한 천국이었는지 말귀 확실치 않고
처음엔 울면서 노래하는 줄 알았지.
사막의 새벽 세 시 반을 흔들어 깨우면서
칠흑의 공기가 육중한 어둠을 껴안고
병든 자기 몸속에 다 파묻기만 한다.
흐느낌으로 시작하는 믿음의 진동이
밤이슬의 집을 넘어 내 방에까지 스며든다.

야자수를 흔들며, 버린 땅을 잡고 떨며
새벽 여명이 들숨에 섞여 들어온다.
사막을 더 넓게, 더 멀리 펼쳐내는 소리,
통성 기도의 박자를 맞추는 흐느낌이
온 도시를 소리의 모래로 채우는데
아무도 잠잘 수 없는 라마단의 새벽,
목마른 달빛이 가늘고 빠르게 사라진다.

2

가브리엘 천사가 아랍인에게 날아와
코란을 가르친 성스러운 달이 왔다.
매일의 일출에서 일몰까지 단식하고
물도 마실 수 없어 마른 침까지 아끼는
그래, 라마단 카림! 여기도, 라마단 카림!
때 묻은 흰옷의 늙은 아랍인의 얼굴이
고개 숙이고 몸 흔들며 닳고 닳은 글을 읽는
그 주문 속의 인사, 라마단 카림!

사탕수수는 서로 손잡고 종일 낮잠을 자고
열네 시간 이상 기도하고 단식하고
찬양하고 절하고 신음하며 회개하는
지구의 다른 쪽, 사막 냄새의 경전,
당신을 사랑한다는 말을 하려고
여기까지 온 것은 아니었지만, 양심은
매끈하고 차갑게 사는 자의 세상에서 온

나 같은 무법자까지 살려내고 있다.

　3

모든 게 다 흐리게 보였습니다
사막 뒤에서 뜨는 해도, 앞에서 지는 해도
꼭 더위 때문만은 아닌데 도무지 분명치 않고
기도도, 그 안의 사원도, 그 안의 사람도
나까지 다 젖어서 잠잘 수가 없었습니다.
그리고 당신은 가망 없는 목표로만 보였습니다.

마르다 못해 갈라 터진 땅바닥에
아직도 타는 더위는 그치지 않고
당신이 중동의 땅이 되어 한껏 메말랐을 때
그 열등감 위로해주는 사람 아무도 없었을 때
둥근 모스크 안으로 신발 벗고 들어가
마지막에 당신 앞에서 무릎 꿇는 아랍인.

4

아무리 생각해보아도 다시 써지지 않는다.
오른쪽에서 왼쪽으로 지나가면서
뱀의 꼬리처럼 오르락내리락거리다가
가끔은 아름답게 화해의 점까지 몇 개씩 찍는
사랑의 그 몇 줄도 기억해낼 수가 없다.
평생 지고 온 그 말씀도 쓸 수가 없다.
고음이 길게 오르고 잠시 숨이 차서 내리던
수많은 사연과 불길한 삶이 저녁이 되어
천상의 은밀한 실체를 힘겹게 두드리는 소리,
내 헛되고 얄팍한 위선의 눈을 감게 한다.
문 열리는 소리를 듣는 아랍인의 늙은 귀,
아무리 먹어도 배부르지 않던 그늘을
사막의 저녁노을이 천천히 녹이고 있다.

오래된 봄의 뒷길

그때가 봄철이었다는 것도 몰랐다.
모든 꽃이 왜 그렇게 빛나게 밝았는지도
꽃을 보던 친구가 왜 갑자기 떠났는지도
그때는 아무것도 몰랐다.

그런 날이 있었다.
더 도도하고 더 맑고 더 반짝였던 시절,
나는 썩어가는 감방의 꿈속에서 시들었다.
억울하게 매 맞아본 사람만 아는 그 구석.

이제 곧 여름이 오고
나를 떠나게 했던 혁명도 잠들고
돌아오지 못한 이념의 불도 시들면
뜰의 장미, 백합, 비둘기와 햇살……
그 설레는 아침의 예언이
낮은음으로 우리를 감싸 안으리.

너는 내게는 유일한 몸이었다.

뒤돌아선 날의 내 피가 보였니?
밤마다 입술을 깨물던 초조함도,
다듬지 않은 긴 머리털도 보였니?

은퇴한 나무의 아직 엉성한 잎사귀에
오래전에 버리고 간 봄의 간청이 잠 깬다.
내일은 길고 멀어서 확인할 수 없고
그래, 맞다, 너는 나를 빛나게 했다.
저기 장미, 백합, 비둘기와 저녁 햇살……

알렐루야
— 뉴질랜드 시편 1

 국적기로 초여름 더위의 서울을 떠나 열한 시간 반 만에 오클랜드 시에 도착하고 다시 호주 비행기 갈아타고 뉴질랜드 남섬의 남쪽 끝, 퀸스타운을 향했다. 창밖에는 높은 눈산이 첩첩이 장관이더니 갑자기 기체 불안정하게 흔들리고 기압골이 험악하다. 두 시간 예정 비행이 세 시간을 넘어가는데 비행기는 눈산의 정상에 앉기라도 하려는 것인지, 엔진 소리가 갑자기 작아지고 창밖은 꿈속같이 검은 구름에 싸여 시야가 없다.

 완전히 오리무중에서 어디를 헤매는지, 나는 어지럼증을 지운다고 창을 닫고 리시버를 귀에 깊이 박고 음악을 듣기로 한다. 기체는 계속 흔들리면서 악천후를 알리는데 갑자기 알렐루야, 알렐루야, 알렐루야 소리가 두 귀에 찬다. 시인 김종삼의 작곡가 세사르 프랑크가 언제 여기까지 찾아온 것인지, 아름다운 인간의 목소리가 천상을 채우면서 너와 나를 애타게 부른다. 우리는 아멘의 목소리 속에 들어가 함정을 건너고 가슴 환하게 벗고 그를 따라갔다.

  회항 직전 마지막 착륙 시도가 성공하고 나도 몰랐던 후줄근 땀에 젖어 공항을 나서는데 갑작스런 돌개바람이 활주로를 가로지르고 철벽같은 눈산이 앞을 막아선다. 활주로 옆에는 잠시 전의 어지러운 폭설의 흔적, 현지 가이드는 오늘의 첫번째 착륙을 축하한단다. 귀에서는 아직도 19세기의 작곡가가 인간의 선한 신호를 보낸다. 악보만큼 작은 천사들이 내 머릿속을 가득 채운다. 박제된 머리를 들고 나는 눈에 익은 이들과 함께 날기 시작했다.

고사리나무
── 뉴질랜드 시편 2

 고사리라는 식물은 야산이나 언덕 음지에 무더기로 자라는 부채 모양의 들풀이고 그 순을 따서 삶아서 말려두었다가, 절간이 아니더라도 불려서 데치고 참기름 친 고사리나물이 맛있는 것인데, 뉴질랜드의 고사리는 풀이 아니고 통째 나무로군. 둥치 굵고 키 큰 고사리나무. 내 옆에 서서도 나를 외면하는 나무.

 이 땅의 곳곳을 채우고 있는 고사리나무는 목재로도 쓰이는 나라의 상징인데, 나무를 키우는 것은 하느님의 눈물인 장대비와 아버지의 눈물인 이슬이라고 이곳 사람들은 예외 없이 믿고 있네. 한밤에 남몰래 혼자 떠도는 눈물 많은 아버지, 그 눈물의 이슬이 키우는 고사리나무. 나를 측은히 돌아보는 나무.

 이 나라에 한 마리 독충이 없는 것도, 이 땅에 뱀 한 마리 살지 않는 것도 모두 이 고사리나무의 특성 때문이라네. 외로운 아버지의 눈물로 자란 60여 종의 고사리나무는 결국 아버지를 울리기만 한 60여 종의 불효자들인지. 불효자, 나를 이토록 지켜주시는 내 아버지의 눈물. 그 핏자국 뚜렷한 고사리나무.

짖지 않는 개
── 뉴질랜드 시편 3

일 년 내 푸른 초원이 계속되는 광활한 곳에서는 목축업이 전국을 덮고 있는 것이 우연은 아니지만 양 떼를 키우는 몰이꾼은 대부분 발 빠른 개들이 도맡고 있다. 작지만 영악하고 야멸찬 몰이꾼 개들은 어릴 때부터 심한 훈련이나 혹 성대 수술로 짖지 않는다. 평생 단 한 번도 짖지 않고 양 떼를 몰고 다닌다. 죽을 때까지 단 한마디 소리 내지 않고 눈으로만 대화하면서 살다니!

개를 짖지 않게 단련시키면 몸이 빨라지고 집중을 잘하고 특히나 시력이 좋아진다. 항상 반짝이는 눈을 굴리며 눈으로만 짖는 개들은 그러나 다른 개들보다 평균 수명이 절반밖에 되지 않는다. 말을 서로 나눌 수 없는 삶은 긴 아픔이란 것을 알고 있기 때문일까. 외로움의 앙금을 어디에 호소할 수도 없고 단 한 번 쏟아버릴 곳이 없어서인가. 지나가던 구름이 고개를 저으며 천천히 돌아앉는다.

양몰이 개 한 마리가 해 지는 저녁 텅 빈 초원에 앉아 있다. 양 한 마리 없는 곳에서 왜 혼자인가 물어보기도 전에 나를 한 번 보고는 고개를 돌려버린다. 양몰이 개들은 때가 되면 혼자 죽기를 원한다고 목장 주인이 말해주긴 했지만 더 이상 포기할 것이 없다는 저 표정. 언젠가 화가 장 뒤뷔페가 지구 상에 남아 있던 아주 작은 양 한 마리를 보여준 적이 있는데 그 양보다 점점 더 작아지는, 드넓은 곳에서 천천히 사라지는 저 개!

수원에 내리는 눈

1

내가 고국에서 본 마지막 눈은 수원에서였다. 밤새 내리던 함박눈을 긴 포옹으로 느끼며 잠들었던 하숙방, 그 한 달 뒤에는 기지병원 공군 중위로 전역 신고를 했고, 또 그 한 달 뒤에는 할 수 없이 고국을 떠날 수밖에 없었다. 춥기만 했던 기억 때문인지 겨울에는 한 번도 고국을 방문하지 않고 지낸 세월이 사십 년 이상, 그간에는 수원의 눈도, 고국의 눈도 만나보지 못했다. 고국의 눈은 그간 얼마나 늙어버렸을까, 그 아름답던 눈꽃들은 또 얼마나 시들었을까, 요즈음의 눈꽃들은 서로 무슨 말을 나누면서 지상에 내리고 있을까.

2

내 주위에 내리는 것들,

내려서 서성거리는 것들,
서성거리며 평생을 사는 것들,
보이다 말다 하는 미세한 것들이
모두 내 몸을 시리게 했네.

눈 붉히며 울다가 떠나는 것들,
눈치 보며 뒷걸음질만 치는 것들,
더 볼 것이 없다며 녹아버리는 것들,
주눅 들어 움츠리는 가여운 풍경이
왜 쓸쓸한 한기로만 남았던 것인지.

멀리서 소식을 알리며 내리는 눈처럼
소리 없이 가볍게 살았어야 했는데
본 척도 아는 척도 하지 말았어야 했는데
주위를 살피며 구석으로 얼어가는 사랑,
집 떠난 내 몸, 문득
가벼운 것들이 다가와, 빛나는
눈꽃으로 나를 다듬어주네.

동생의 이집트

이집트 박물관의 긴 역사 속을
이틀째 헤매다 내 나이마저 잊었는데
돌 한 개, 관 하나에서 나온 세월이
신라나 고구려보다 더 늙고 험해서
먼지 쌓인 이 도시는 도대체 어느 시대의 것인지.

상형문자 사이로 큰 매가 날고
악어 조각 옆에서 왕관을 쓴 뱀이 웃고
원숭이는 한 줄로 서서 춤을 쉬지 않는다.
낙타는 상처 깊은 등으로 큰 짐을 나르고, 왜
내 손과 발은 영생한다는 동쪽으로만 가고 있는가.

어찌 알았을까, 죽은 내 동생은
똑바로 누워 두 손을 가슴에 얹으면
죽어 며칠 내에 부활한다는 약속을.
동생은 가다가 이집트 여자를 만난 것일까,
이 도시를 헤매다 보면 만날 수 있을까.

무더운 날에 더 뜨거워지는 나일 강,
강물 소리는 더 이상 들리지 않는데
네 얼굴만 여기저기에 번져 보인다.
강둑을 자꾸 두드리기만 하는 내 동생,
두 눈에 새겨지는 색다른 나일 강 또 하나.

호두까기

어제 내가 당신을 간절히 안았듯
오늘은 당신이 안아주세요.

딱딱한 껍질은 언제나
근엄하고 정확하지만
일상의 화장을 벗어버리면
당신이 얼마나 아름답고 부드러운지
얼마나 자유롭고 풍요로운지.

역사의 주름살은 도도하게 어둡고
시간은 피와 살을 빠르게 지나갈 뿐,
타성을 깨는 아픔을 참아내는 것만이
당신과 나 사이의 우주입니다.

겨울 그림자는 늘 소극적이고
두렵고 수상하게 춥기만 합니다.
오늘은 당신이 안아주세요.
내일은 내가 무릎 꿇겠습니다.

플로리다 편지

구름은 바람의 흰무늬,
바람의 옷이었지요.
못가에 매일 오는 저 물새 두 마리는
왜 살아야 하는지는 알지 못해도
둘이 함께 살아야 하는 것은 아네요.

그러면 구름은 바람의 한숨,
결국 바람의 그림자였지요.
물새들을 가까이서 보며 웃고 있는 악어,
왜 늪에 빠져 살아야 하는지는 몰라도
어느 날에는 하늘을 유유히 날아다닐
자신이 물새인 줄은 확실히 믿고 있어요.

구름은 바람의 소원이었나요.
바람의 한바탕 춤사위였나요.
간밤의 꿈이 하나둘 사방에 흩어지는
머리 풀어헤친 바람의 도망자처럼
구름은 바람의 한,
바람이 보내온 쓸쓸한 소식이었네요.

아카시아 꽃

1. 1950년

아, 저 먹이!
저 맛있는 꽃!
굶주림에 지친 나를 살려준 꽃,
헛구역질의 꽃향기도 기억난다.
아, 저 황홀한 먹이!
한국전쟁의 마르고 긴 낮은
몇 달씩 지치고 배가 고팠다.
시야가 노랗던 초등학교 6학년,
뙤약볕이 어지럽고 무섭게 더워
방공호 땅굴 속의 흙벽을 긁으며
작은 진흙덩어리 몇 개씩 삼키고
흙 묻은 입에 아카시아 꽃송이들
몇 송이째 씹어 먹고 또 먹던
그 여름, 저 흰 향기의 밥.

2. 2009년

5월 말에 만난 무더기의 황홀은
진한 몸 냄새 흔들며 눈 감는 꽃,
충청북도 제천, 진천, 옥천을 돌며
밤낮으로 어지럽게 달리면서 핀다.
온몸에 감기는 탄성의 감촉으로
나도 오랜만에 깊은 잠을 잤다.
요염하고 화사한 저 지천의 먹이!
아직도 어디쯤에 남아 있는 내 허기여,
미안하다, 가지고 싶었다.
내 소원은 이 계절만이라도 함께 있는 것,
웃으면서 배고픈 나를 숨겨주는 꽃.

겨울 아이오와

1

네가 돌아간 후 수십 년 동안
끝없이 이어진 옥수수밭이, 어느새
끝없이 더 이어진 콩밭이 된 것 말고는,
키 큰 옥수수 대신 조신한 콩들이 모여
여름내 하늘을 지고 구름을 만드는 것 말고는,
내가 나이 들고 네가 소식이 없는 것 말고는,
내 걸음이 더 이상 바쁘지 않은 것 말고는,
그래 사실은 아무것도 변한 것은 없다.

허름한 사무실은 아직도 허름하게 늙어 있고
모두들 낯선 정거장처럼 이곳을 지나갔는데
우리가 버린 들판에 잘못 도착한 회오리 눈보라.
눈송이 사이로 시야가 다 닫힐 때쯤에야
아이오와가 잠에서 깨어나는 것은 알고 있겠지.
겨울이 와서야 꽃피고 눈뜨는 것은 알고 있겠지.
호흡이 짧아지고 어지럼증 자주 오는 추운 계절,

사랑한다는 말은 언제쯤 한번 듣게 해줄래?

만개한 아이오와의 추위 속에서는 만지고 싶어진다.
불안하게 유배 떠나온 발걸음을 다 덮어버리던 눈,
얼어버린 모든 겨울의 말을 매해 귀 시리게 들었지.
죽은 후에라도 이곳에 와서 몇 해 정도는 지내야
겠다.
발자국 없는 정류장에서 이번에는 소리쳐 부르겠다.
당신이 돌아오고, 눈이 덮이고, 내가 당신을 안는다.
얇게 퍼지는 당신의 입김이 눈밭 속에서 몸이 된다.

2

지구가 아직 둥글어지기 전에
땅끝까지 눈이 내렸다. 그것을
아이오와에 와서야 확인했다.
세상의 냉대 속에서 살아온

눈 덮인 숲에 들어와서야
나무가 체온을 가진 모습을 본다.
나무마다 둥치 주위에 눈 녹은 자리,
온기의 호흡이 오래된 얼음 녹여 놓았다.
잎이 나고 꽃이 피고 열매를 익히는 체온,
나무가 따뜻하다는 것을 아직껏 몰랐다니!

내가 살아온 길이 허술했던 이유를
이제야 조금은 알 것도 같다.
언 손으로 나무의 살을 포옹한다.
아무도 억울한 일 당하지 않기를,
아무도 눈물짓는 일이 없기를.
지구가 아직 다 익기 전,
지구가 아직 둥글어지기 전,
사랑이 우선 존재했다고 주장하는
아이오와의 겨울 숲, 저기 겨울 숲……

연신내 유혹

1. 시인의 술집

지난봄 우리가 간 술집이 연신내였지요?
비 오는 늦은 밤까지 친구 되어 술 시중까지 들고
언제 지나간 매력인데 남은 찌꺼기 같은 가루가
아무리 털어내도 몸에서 떨어지지 않을 때가 있지요.
술을 마셔도 답답해 내가 주정까지 한 것 같은데
그 빗소리 눅눅하고 인심 좋던 술집이 연신내였지요?
거기는 내가 처음 가본 동네란 말을 했던가, 몰라.
수십 년 허공을 헤매며 살아온 게 유난히 무거웠던지.

젊어서는 실수 연발에 걷잡지 못할 골목길 천지였고,
연신내라는 이름은 큼직한 그 냇가 때문에 얻은 것인지,
다리 건너 시장 근처에서는 왁자한 소리도 들은 것 같은데

운 좋게 돌아온다면 여기 살아도 되겠냐고 물었지요. 아마

젊은 당신은 너무 늦었다고 경고의 표정을 지었던 것인지.

그래도 취하니까 고개 끄덕이던 술집의 눈을 언뜻 보았지요.

2번 출구로 나와 길 건너면 된다고 몇 번이나 중얼거렸던지.

석 달 동안의 귀국으로는 모국어 쓰는 것만도 송구스런 일,

연신내 다시 가기 전에 간단히 편지를 끝내기로 결심했지요.

2. 연신내 근처

연신내가 불광동 옆에 산다는 것을 얼마 전에야 알았다.

그 동네는 내게 논밭의 개구리잡이로 입력되어 있는 곳.

예과 때 비교해부학 숙제로 열 마리 삶아서 뼈를 추리고

자잘한 것들 탈색해 매니큐어로 조심해 관절을 붙였다.

친구들 피해 달아나던 개구리들은 지금 어디에 살고 있는지

망명이 끝나면 이 근처 사방으로 흩어진 그 뼈와 매듭 들,

수통에 등산용 바지라도 입고 꼭 찾으러 길 떠나야겠다.

하지만 시인은 힘든 삶을 살아야 한다는 것은 몰랐다.

가슴 짓누르는 방랑의 날을 견뎌야 하는 것도 몰랐다.

나 살던 때 없었던 은평구의 연신내에 비가 내리고

밤비 되어 밑으로 스미기만 하는 조용한 비의 처

세술,
  그랬으면 덜 아팠을 것이다. 훨씬 천천히 늙었을 것이다.
  전철은 3호선과 6호선이 지나는데 어느새 문이 다 닫히고
  고양, 파주, 의정부 방면의 버스도 막차가 떠나고 말았다.

  3. 피 토하는 밤

평생 얼굴 들기가 힘이 들었어.
피 토하며 시를 쓰지 못해 미안해.
고집도 줏대도 없이 글을 쓴다며
눈치 보며 비켜 다니며 살았지.
나도 그런 시인이 되고 싶지는 않았어.
책임지지 않고 노래만 하고 싶었어.

피 토하는 시인이 부러운 적은 많았지,
꽃은 곧 져버리니 얼굴이 될 수 없고
진단해보니 피의 시는 모두 결핵이었어.
우리는 결핵에 걸리기 힘든 시대에 살았고
그래도 피 토하듯 시를 써야 한다는 장광설이
나는 무서웠어. 나는 겁쟁이였나 봐.

연신내에 와서야 드디어 시인이 되었다.
인간은 다 시인이라는 말 누가 했었지?
쓰고 싶은 글, 허름한 목청만 좋아하는
구수한 맛들이 모여 살고 있는 곳,
평범한 것은 대개 친절하고 따뜻해,
무리수 없이 감칠맛 나는 정성일 뿐이야.

잘 있어. 이 말밖에는 할 말이 없네,
고마워, 이 말밖에는 또 할 말이 없네,
그러나 이 말은 언제고 다시 본다는 말,
젊은 날 못 박힌 허전함으로 당신을 찾을게.

비에 많이 젖어도 유혹에 번지지 않고
연신내 허름한 다리를 건너 밤처럼 갈게.

|해설|

바깥으로의 귀환

조 강 석

1

 떠나온 곳은 있으되 돌아갈 곳은 없는 이의 귀환은 어떻게 가능할 것인가? 낮고 작은 목소리로 펼쳐진 넓은 성찰들을 가득 담고 있는 마종기 시인의 새 시집에서 우리가 담대하게 물어야 할 것이 있다면 바로 이 질문이 될 것이다. 누군가 귀환을 꿈꾼다는 것은 그가 항상 모순으로 귀결되고 마는 운동에 참여하게 되었다는 것을 의미한다. 귀환은 언제나 미완이다. 경험 속 과거를 도달해야 할 미래로 호출하는 운동이 귀환이라는 사태의 본질이기 때문이다. 예컨대, 마르셀 프루스트의 『잃어버린 시간을 찾아서』에서 우리는 그 단적인 예를 발견할 수 있다. 질 들뢰즈에 의하면 이 작품 속에는 세 개의 콩브레가 있다. 경험상의 현재의 콩브레, 과거의 콩브레 그리고 양자의 차이에 대한 인지를 낳는 기저로서의 콩브레 혹은 즉자로서의 콩브레가 그것이다. 들뢰즈는 세번째 의미의 고향이 특별히 '순수 과거'에 속하는 것이라고 말한 바 있다. 그 '순수 과거'는 항상 경험 속 고향과 현재의 고향이 어떻게 다른 것인지만을 지시할 뿐이다.

그러니까, 귀환은 항상 세 가지 계기를 보유하는 운동이다. 우선 그것은 현재 삶의 다양한 정황으로부터 불현듯 개시된다. 마치 마들렌 과자로부터 프루스트의 저 장구한 사유의 편력이 개시되듯이 귀환은 늘 현재의 특정 계기에서 비롯된다. 그리고 그렇게 '비자발적 기억'(들뢰즈)에 의해 촉발된 마음의 운동은 과거의 한 시절을 향한다. 그것이 귀환의 두번째 계기이다. 그리고 바로 그런 사정으로 인해 귀환은 항상 공간으로의 회귀가 아니라 특정 시간으로의 회귀일 수밖에 없다. 귀환의 세번째 계기는 바로 이와 관계된다. 귀환은 공간이 아니라 시간과 결부된 사태이기에 언제나 순연(順延)된다. 귀환을 꿈꾸는 이의 과거를 향한 운동은 공동(空洞)의 시간을 발견하는 것으로 귀결될 수밖에 없다. 귀환의 존재론적 불가능성을 지적한 임마누엘 칸트의 말마따나 귀환은 언제나 불발이다. 아무 곳에도 없는 중심이 우리를 유혹하는 것이 귀환이라는 사태의 내적 진실이기 때문이다. 그렇기에 노스탤지어는 삶의 경계를 일주하던 이가 불현듯 중심이 기우는 것을 인지하는

순간에 앓는 몸살이다. 그것은 도달할 수 없는 공동의 시간과 텅 빈 중심의 환상통이다.

2

마종기 시인은 귀환의 역설 앞에 서 있다. 모든 사태는 일상에 대한 이물감으로부터 비롯된다.

> 그렇다, 나는 아직
> 세상을 어떻게 살아야 하는지
> 익숙지 않다.
>
> 강물은 여전히 우리를 위해
> 눈빛을 열고 매일 밝힌다지만
> 시들어가는 날은 고개 숙인 채
> 길 잃고 헤매기만 하느니.
>
> 가난한 마음이란 어떤 삶인지,
> 따뜻한 삶이란 무슨 뜻인지,
> 나는 모두 익숙지 않다.
>
> 죽어가는 친구의 울음도

전혀 익숙지 않다.
친구의 재 가루를 뿌리는
침몰하는 내 육신의 아픔도,
눈물도, 외진 곳의 이명도
익숙지 않다.

어느 빈 땅에 벗고 나서야
세상의 만사가 환히 보이고
웃고 포기하는 일이 편안해질까.

―「익숙지 않다」 전문

아마도 시집 『하늘의 맨살』의 기저음을 꼽으라고 하면 이 시의 목소리를 꼽지 않을 수 없을 것이다. 일상으로부터 시시각각 낯설어지는 형벌에 처해진 이가 수시로 엄습하는 삶의 이물감을 토로하는 목소리야말로 이 시집에서 다양하게 전개되는 목소리들의 근저에 놓일 수 있다. 인용된 시를 보자. 특히 시의 앞부분과 뒷부분에 있는 두 개의 시어 사이에 성립하는 의미망을 눈여겨보자. 사태는 "아직"과 "어느" 사이에서 움튼다. 시인은 지금 "무모한 생애의 고장난 신호등"(「길목에 서 있는 바람」) 앞에 서 있다. 강물은 여전히 흐르고 일상은 여일한 리듬으로 진행되지만 마치 '고장난 신호등' 앞에 선 것처럼 삶이 문득문득 낯설어진다. 하루의 낯빛이 어떻게 변해가는지 홀연 까마득해

지고 대체 가난한 마음이라든가 따뜻한 삶이란 무엇이었는지에 대한 실감이 손가락 사이로 빠져나간다. 교통정리 없는 삶, 완만한 해석 없는 삶과 일순 대면하게 된 시인은 "아직"이라고 발음해본다. "아직"이라니, 그것은 순연의 부사이다. 삶은 때가 되면 언젠가는 제 비밀을 죄다 고해올 책처럼 보이다가도 이내 불친절한 원서처럼 입을 다문다. 하루의 낯빛이 변화하는 것의 자명함과 가난한 마음이나 따뜻한 삶이라는 말이 보장하는 안온함은, 종종 "육신의 아픔"과 "외진 곳의 이명"과 더불어 수수께끼가 된다. 삶의 진실은 이것일지 모른다. 언젠가 한 번은 그렇게 속 시원히 풀어버릴 것 같던 삶은 "아직" 이물스럽다. 그러니 여기서 "아직"은 시간의 순서를 지시하는 부사라기보다 불가능성을 확증시키는 감탄사이다. 그런데, 이 시에서 단연 이와 맞서고 있는 것은 후반부의 "어느"라는 시어이다. 미답과 미정의 의미론적 계기에서 "어느"와 "아직"은 몸에 시간이 누적될수록 외려 시시각각 낯설어지는 삶에 대해 시인이 느끼는 이물감과 미욱함을 함께 지시한다. 그러나, 체념과 의지의 의미론적 계기에서 양자는 완전히 상반된 방향으로 펼쳐진다. "어느 빈 땅"은 "아직" 여기에 없는 무엇으로 가득 찬 공간이다. 그러니까 "아직"과 "어느"는 시간과 공간의 상호변환을 이끄는 시어들이다. 아직은 없는 것이 어느 곳엔가는 가득 차 있으리라는 기대야말로 시간으로 가득 채워진 공간이라는 마종기 시인 특유의 주제

론을 이끌고 나온다. 그러니까, 그는 "아직"에 대해 "어느"로 대처함으로써 다시 귀환의 닻을 올리고 있는 셈이다.

> 사람과 사람이 만나면
> 말을 나누던 시대가 있었다.
> 함께 웃던 시대가 있었다.
> 돌아보면 그지없이 하찮은 일상을
> 나는 바쁘다며 앞만 보고 달렸다.
>
> 겨울이 되어 모두 혼자가 되었다.
> 아무리 눈여겨 찾아도 보이지 않는다.
> 그리운 것은 어디서 동면에 들었는가.
>
> ―「동면」부분

이를테면 "아직" 익숙하지 않은 시간의 대척점에 "사람과 사람이 만나면/말을 나누던" "함께 웃던" 시대가 있다고 할 것이다. 문제는 이것이 비가역적 사태라는 것이다. 저 시대 속으로의 귀향은 불가능한 것이다. 귀향이라는 운동이 불가능해진 곳에 남는 것은 그리움이라는 에너지이다. 즉, 그 불가능성으로 인해 귀환-운동은 항시 그리움-에너지로 환원된다. 다음 시에 나타난 양상도 비슷하다.

> 춥고 어두운 곳에서 만들어낸

민족이니 민중이니 계층을 떠나
이데올로기, 사상이니 좌우를 떠나
그런 투쟁의 외마디 억압을 떠나
아무도 어디로 소외되지 않는 땅.

내 나라야! 부르면 나비가 날고
내 아들아! 대답 들으면 꽃잎이 트는
따뜻한 풍경이 되어 웃고 사는 축일.
나는 약속대로 오래 죽어서 살았다.
떠나라는 말 듣고도 울지 않았다.

햇살이 넘치고 수평선이 출렁인다.
그런 나라가 더 이상은 없다면
나는 태어나지 않고 혼자 살리라.
멀리서 내 나라를 그리워만 하리라.
　　　　　　　　　　　　　—「내 나라」 부분

　앞에 인용한 시가 "아직"이라는 시어와 결부된 시간상의 대척점을 보여준다면 지금 인용한 시는 "어느"라는 시어와 결부된 공간상의 대척점을 보여준다. 「내 나라」에 간명하게 제시된 정황은 이렇다. 떠나온 곳은 있으되 돌아갈 곳이 없는 상황에 처한 이가 귀환이라는 운동을 그리움이라는 에너지로 환원시키는 현장이 이 시의 현장이다. 마종기 시인의 『하늘의 맨살』에는 바로 이와 같은 환원을 보여주는 시들이 꽤 여러 편 실려 있다. 구체적인 운동이 되지 못한 에너지, 운동으로부터 다시 에너지로 환원된 그리움으로 들끓는 내면을 보여주는 시들의 예를 충분히 들 수 있다. 단적인 예로, "세상에서 진 자들의 쉴 자리가 되고/ 계산 없는 위로의 물잔을 건네주는 곳"을 그리워하는 목소리를 담은 「낮달은 왜 흰빛인가」 같은 시들을 대번 거론할 수 있겠다. 그러나 지금 중요한 것은 구체적인 시간, 구체적인 장소로 귀환하지 못하는 이의 내면에 운동상의 어떤 변곡점들이 생겨나는지를 살펴보는 것이다.

3

넓고 긴 지평선을 여러 개 만났다.
적적한 날씨여서인지
모두들 이마를 맞대고
사이좋게 살고 있었다.

나도 안락한 삶을 살고 싶었다.
비 오는 날에는 하늘이 녹아
지평선의 살결을 지워버린다.
가지 않는 시간이 소문에 젖는다.

구겨진 살벌한 여정은
어차피 시야보다 멀리 지나가버리고
내 종점을 찾지 못할까 두려워한다.

반쯤은 허물어진 집에
황량한 나라에서 몰려오는 안개,
숲과 땅은 지평선을 다시 만드느라
계획했던 낙향을 미루고 있다.
　　　　　　　　　—「지평선, 내 종점」 전문

　귀환 운동을 그리움이라는 에너지로 환원시킬 수밖에 없는 이의 내면에 생기는 변곡점을 보여준다는 의미에서 이 시집에 일종의 주름을 형성하는 시라고 할 만한 시를 읽어보자. 이 시의 핵심 이미지인 지평선은 이중의 의미를 부여받고 있다. 그것은 넓고 길고 평평한 것으로서 안락한 삶에 대한 열망과 나란히 놓인다. 또한 동시에 그것은 이 세계의 바깥과의 접선을 의미한다. 그러니까 지평선은 정주와 유동의 경계라고 할 수 있다. 중요한 것은 여기에 다시 시인이 종점이라는 의미까지 부여하고 있다는 것이다. 왜 종점일까? 지평선은 그 가없는 수평성으로 인해 보는 이로 하여금 안온함의 척도가 되어준다. 동시에 그것은 항상 '너머'에 대한 호기심을 자극한다. 월경(越境)을 부추기는 안온함이 바로 지평선의 섭리다. "가지 않는 시간이 소문에 젖는다"는 표현은 바로 이를 적시하는 절창이 아닐 수 없다. 시간이 소문에 휩싸일 때 일어나는 사건들을 지평선은 자신의 주름 안에 무수히 지니고 있다. 그런데, 시의 마지막 두 행에서 시인은 "숲과 땅은 지평선을 다시 만드느라/계획했던 낙향을 미루고 있다"고 말하고 있다. 비록 비 오는 날의 숲과 땅의 풍경을 빌려 말하고 있지만 우리는 이 두 행에 담긴 지평선과 낙향의 관계를 가벼이 보아 넘길 수 없다. 지평선 없는 귀환은 귀향이 아니라 낙향이다. 그러니까, 귀환을 위해서는 지평선이 반드시 필요하다. 이것은 물론 역설이다. 그러나, 역설에는 일말의 진실이 담겨 있는 법, 누군가 자꾸 지평선으로 내닫는 것은 월경을 위해서가 아니라 지평선을 밀고 가기 위함이다. 근사한 지평선을 만드느라 "계획했던 낙향"—귀향이 아니다—을 미루는 방식, 이것을 수축적 귀환 혹은 내포적 귀환이라고 명명하자. 운동을 에너지로 환원한 이가 귀환 의지를 살려두는 방식 중 하나는 이와 같이 경계를 밀고 가는 것이다. 이 방식에서 귀환은 극적인 사건이 아니라 경계 내부에서 경계를 바라보는 일로 대체된다.

나는 왜 오래 장소에만 집착하며 살아왔는지,
내가 사는 곳에는 사철 열등감만 차 있고
눈이 올 듯 늘 어둡고 흐려야만 안심을 했지.

그래서 순천에서 만난 억새는 놀라움이었어.
북해에 살던 그 풀들도 친척이 된다는 말,
얼마나 내 묵은 심사를 편하게 해주었던지.

나는 이제 아무 데나 엎드려 잠잘 수 있다.
하루 종일 자유롭게 길 떠나는 씨를 안은 꽃,
꽃이라 부르기엔 눈치 보이던, 북해의
외딴 억새도 고향의 화사한 피의 형제라니!
저녁이면 음정이 같은 메아리가 된다니!

변하지 않는 시야에 서 있는 귀향의 끝,
평범하게 말 없이 살자고 약속했던 그대여,
끝없는 추락까지 그리워하며 잠들던 그대여,
나도 안다, 우리는 아직 여행을 끝내지 않았다.
내가 찾던 평생의 길고 수척한 행복을 우연히
넓게 퍼진 수억의 낙화 속에서 찾았을 뿐이다.
—「북해의 억새」 부분

 '장소에 대한 집착'으로 곤두선 마음을 누그러뜨려준 것은 뜻밖에도 "외딴" 것이었다. 심지어 시인은 "변하지 않는 시야에 서 있는 귀향의 끝"이라고까지 말하고 있다. 귀향은 익숙한 것들로의 귀환이다. 물론, 앞서 언급한 것처럼 귀환은 그 완결이 언제나 순연되는 운동이지만 여하튼 그것은 익숙한 것 혹은 익숙해지고 싶은 것들에 대한 그리움 혹은 "집착"에 의해 촉발된다. 그런데, 여기서 시인은 귀환의 존재론적 불가능성(칸트)에 대한 절망 대신 고향을 개방하는 데서 오는 위안을 얻고 있다. 즉, 그는 돌아갈 수 없는 고향으로의 무궁회귀 대신 고향을 세계와 사물들 속에서 터뜨리는 방식을 택하고 있다. "외딴 억새도 고향의 화사한 피의 형제라니!"라는 표현에 담긴 안도감은 낯선 세계와 사물들 속에서 고향을 발견할 때의 그것과는 미묘하게 다르다. 즉, 이것은 낯선 것을 익숙한 것으로 대체하려는 "집착"과는 그 방향을 완전히 달리한다. 이것은 보상물에 의한 대체가 아니라 고향의 요소적 재탄생이다. 고향은 비슷한 것으로 대체되는 것이 아니라 요소적으로 환원되어 세계 속으로 확산된다. 이제 귀향은 특별한 시간과 공간 속으로의 복귀가 아니라 세계의 재발견을 통해 이루어진다. 이를 확산적 귀환이라고 할 수 있지 않을까? "나는 이제 아무 데나 엎드려 잠잘 수 있다"는 진술 속에서 엿보이는 태도는 영어식 표현에서처럼 남의 집에서 마치 '자기 집에 있듯이 편하게 지내는' 호기로움보다는 익숙한 재료로 새집을 짓는 이의 설렘과 결부된다고 할 수 있을 것이다. 심지어 시인은 아직 여행을 끝내지는 못했지만 "내가 찾던 평생의 길고 수척한 행복을 우연히/넓게 퍼진 수억의 낙화 속에서 찾았"다고 말하고 있다. 나그네를 고향에 데려다주는 것이 아니라 고향을 나그네 쪽으로 끌

어오는 방식으로 비근한 사물들 속에 고향을 짓는 방식, 이것이 이 시집에 실린 귀환의 두번째 변곡점을 이룬다. 그렇다면, 내포적 귀환과 확산적 귀환이라는 두 개의 변곡점에 의해 형성되는 주름들 속에서 이제 세계는 어떤 양상으로 자신의 내부를 개방할 것인가?

4

세상의 냉대 속에서 살아온
눈 덮인 숲에 들어와서야
나무가 체온을 가진 모습을 본다.
[……]
나무가 따뜻하다는 것을 아직껏 몰랐다니!

내가 살아온 길이 허술했던 이유를
이제야 조금은 알 것도 같다.
언 손으로 나무의 살을 포옹한다.
아무도 억울한 일 당하지 않기를,
아무도 눈물짓는 일이 없기를.
지구가 아직 다 익기 전,
지구가 아직 둥글어지기 전,
사랑이 우선 존재했다고 주장하는

아이오와의 겨울 숲, 저기 겨울 숲……
—「겨울 아이오와」 부분

　내포적 귀환 혹은 수축적 귀환이라는 조어를 앞서 사용했지만 결국 지평선을 넘는 것이 아니라 그것을 밀고 가는 방식의 귀환은 내부로의 귀환이다. 인용된 시의 앞부분에 실린, "불안하게 유배 떠나온 발걸음을 다 덮어버리던 눈"이라는 구절에 암시되어 있듯이, 아이오와는 애초 시인에게 바깥이자 '유배지'였다. 아이오와는 고향의 지평선 바깥에 있는 땅이었다. 그런데, 이제 시인의 지평선은 바뀌어 있다. 눈 덮인 숲 속에서 '나무의 체온'을 발견하는 일이란 바깥을 이제는 내부로 발견하는 이에게만 허락되는 체험이다. 시인은 "나무가 따뜻하다는 것을 아직껏 몰랐다니!" 하고 극적으로 말하고 있다. 저 "아직껏"이라는 어휘는 단절 대신 내포를 담고 있다. 여기에는 일말의 회한이나 반성도 없다. 오히려 바깥으로만 존재하던 한 세계가 내부에서 피어나는 현장을 발견한 이의 희열이 담겨 있다고 할 것이다. 인용된 부분의 두번째 연에는 이 극적인 발견이 마음속에 어떤 새로운 사태를 낳고 있는지가 겸손하나 서늘한 어조로 진술되고 있다. 바깥을 내부로 발견한 이는 이제야 비로소 거기에 고향집을 짓는다. 내몰린 이가 보듬는 이가 되기까지의 전말이 저 "아이오와의 겨울 숲" 안에 담겨 있다. 자신의 구축(驅逐)을 상기하던 이가 여기서는 "아무도 억울한 일 당하지 않기를" "아무도 눈물짓는 일이 없기를" 바라며 지평선을 개방하는 '작은 기적'을 행사한다. 내부와 외부의 경계나 지평선이 있기는커녕 심지어 지구조차 아직 "둥글어지기 전"부터 체온을 발산하던, 모든 것 이전에 "사랑이 우선 존재했다고 주장하는" 아이오와의 겨울 숲에서 바깥은 내부 위로 포개어진다. 추운 자가 추위하는 자를 보듬게 되는 현장, 숲으로부터 나무로의 긴축이 없었으면 없었을 아이오와의 겨울 숲……

1

내가 고국에서 본 마지막 눈은 수원에서였다. 〔……〕 춥기만 했던 기억 때문인지 겨울에는 한 번도 고국을 방문하지 않고 지난 세월이 사십 년 이상, 그간에는 수원의 눈도, 고국의 눈도 만나보지 못했다. 고국의 눈은 그간 얼마나 늙어 버렸을까, 〔……〕

2

내 주위에 내리는 것들,
내려서 서성거리는 것들,
보이다 말다 하는 미세한 것들이
모두 내 몸을 시리게 했네.

눈 붉히며 울다가 떠나는 것들,

눈치 보며 뒷걸음질만 치는 것들,
더 볼 것이 없다며 녹아버리는 것들,
주눅 들어 움츠리는 가여운 풍경이
왜 쓸쓸한 한기로만 남았던 것인지.

멀리서 소식을 알리며 내리는 눈처럼
소리 없이 가볍게 살았어야 했는데
본 척도 아는 척도 하지 말았어야 했는데
주위를 살피며 구석으로 얼어가는 사랑,
집 떠난 내 몸, 문득
가벼운 것들이 다가와, 빛나는
눈꽃으로 나를 다듬어주네.

―「수원에 내리는 눈」 부분

앞서 인용된 시에서와 거의 같은 일이 이 시에서도 벌어지고 있다. 고국을 등지는 이의 "춥기만 했던 기억" 속에서 등 떠미는 손짓처럼만 상기되던 눈은 이제 "멀리서 소식을 알리며 내리는 눈"으로 순치된다. 이 둘 사이의 간격은 넓다, 아니 넓었었다. 눈은 서성거리던 생애에 대한 차가운 표상으로 남았다. 눈이 이끄는 '비자발적 기억'에 이끌려 시인은 과거를 경유하고 다시 현재로 귀환한다. 그리고 이렇게 순환을 거쳐 다시 시인의 현재에 다다랐을 때, 그의 "주위에 내리는 것들"은 더 이상 "몸을 시리게" 하는

"씁쓸한 한기"로만 남지 않는다. 시의 마지막 연에 제시된 반전은 두뇌적으로 이루어지지 않는다. 그것은 운동하는 사유의 몸을 통해 이루어진다. "본 척도 아는 척도 하지" 않고 이산(離散)을 별개의 삶으로 간주하는 태도로는 이 반전을 얻을 수 없다. 오히려 "씁쓸한 한기"로만 남은 풍경을 부지런히 떠올리며 과거를 더듬는 이의 내면에 솟는 귀환에 대한 강렬한 열망이 사태를 변화시킨다. 그러니까, 귀환 자체는 한 번 어긋난 시간 자체로의 불가능한 회귀를 지시하며 미끄러지는 기호일 뿐이지만 귀환의 운동을 열망의 에너지로 반복적으로 환원시키는 과정 속에서, 차갑게 굳어 있던 기억 속 풍경과 결부되던 회한과 슬픔은 거듭 감가상각된다. 그 결과, 오랜 마음의 운동의 결과로 조탁된 이 시의 마지막 3행은 너무나 선연하다. 디아스포라를 시각적으로 보여주는 "집 떠난 내 몸"이라는 구절은 이 시집 어떤 구절보다 간명하다. 몸을 시리게 하며 "서성거리는 것들" "뒷걸음질만 치는 것들" "더 볼 것이 없다며 녹아버리는 것들"이 '가볍게 빛나는 것'이 되어서 상처를 어루만지게 되기까지는 얼마나 많은 에너지가 필요했을까? 바깥이 내부로 변환되는 데에는 얼마나 많은 운동과 에너지가 필요했을까?

거친 들판에 흐린 하늘 몇 개만 떠 있었어.
내가 사랑을 느끼지 못한다 해도

어딘가에 존재한다는 것만은 믿어보라고 했지?
그래도 굶주린 콘도르는 칼바람같이
살아 있는 양들의 눈을 빼먹고, 나는
장님이 된 양을 통째로 구워 며칠째 먹었다.

어금니 두 개뿐, 양들은 아예 윗니가 없다.
열 살이 넘으면 아랫니마저 차츰 닳아 없어지고
가시보다 드센 파타고니아 들풀을 먹을 수 없어
잇몸으로 피 흘리다 먹기를 포기하고 죽는 양들.

사랑이 어딘가에 존재할 것이라고 믿으면, 혹시
파타고니아의 하늘은 하루쯤 환한 몸을 열어줄까?
짐승 타는 냄새로 추운 벌판은 침묵보다 살벌해지고
올려다볼 별 하나 없어 아픈 상처만 덧나고 있다.
남미의 남쪽 변경에서 만난 양들은 계속 죽기만 해서
나는 아직도 숨겨온 내 이야기를 시작하지 못했다.
—「파타고니아의 양」 전문

 이제, 우리는 바깥이 내부 위로 한 번 접히었다가 다시 또 하나의 바깥으로 확산되는 과정을 살펴보는 데까지 이르렀다. 내포적 귀환은 확산적 귀환의 부분집합이다. 우리는 앞서 시인이 아이오와의 숲과 눈 내리는 풍경에서 주위의 것들에 묻은 "한기"를 위안의 온기로 변환시키는 내적 귀환의 장면을 확인했다. 하지만 여기가 끝이 아니다. 시인은 이 주름을 한 번 더 펼쳐본다. 현재로부터 과거 쪽으로 접었다 다시 현재로 귀환하는 운동, 그것을 통해 발생하는 에너지를 사용하여 상처를 위안으로 바꾸는 과정 속에서 엔트로피는 시인의 내면에 축적된다. 시인은 이제 그것을 다시 바깥을 길어오는 데 쏟는다. 마종기 시인의 시가 성찰과 깨달음의 잠언들과 변별되는 지점이 바로 여기이다. 수축과 확산을 거듭하는 과정을 통해 이제 그의 시는 재차 바깥으로의 귀환을 감행한다. 우리는 이 시에서 이산의 끝을 본다. 시인 자신의 표현에 의하면 우리는 여기서 "디아스포라의 황혼"(「디아스포라의 황혼」)을 본다.

"남미의 남쪽 변경" 파타고니아는 지평선의 끝이다. 다시 시인의 말을 빌리자면 종점의 끝이다. 시에 묘사된 것처럼 이곳은 살풍경하다. 두 발 혹은 네 발로 대륙을 딛고 있는 것들의 힘으로는 어찌 해볼 수 없는 도저한 삶과 죽음의 드라마가 지평선의 끝 위에 펼쳐져 있다. 어쩌랴, 시인의 눈이 감당해야 할 숙명은 두 가지이다. 예컨대,

> 연신내에 와서야 드디어 시인이 되었다.
> 인간은 다 시인이라는 말 누가 했었지?
> 쓰고 싶은 글, 허름한 목청만 좋아하는
> 구수한 맛들이 모여 살고 있는 곳,
> 평범한 것은 대개 친절하고 따뜻해,

무리수 없이 감칠맛 나는 정성일 뿐이야.

—「연신내 유혹」 부분

에서처럼 시인은 주변의 작고 평범한 것에서 "구수한 맛"을 발견해내기 때문에 시인이다. "무리수 없이 감칠맛 나는" 것들의 본거지인 연신내에서 시인은 스스로 시인됨을 선언한다. 이것은 지평선 안의 일이다. 그런가 하면 「파타고니아의 양」에서 시인은 대륙의 끝, 종점들의 끝에 서 있다. 단출한 대지에서 사태가 깊어지고 슬퍼지는 데까지 들여다보는 눈(토마스 만)이 있기에 또한 그는 시인이다. 연신내와 파타고니아가 멀지 않다. 내부와 바깥이 척지지 않는다. 대륙에 발 딛는 것들의 생이 내장한 도저한 슬픔과 태연한 섭생이 구획을 나누지 않는다. 그러니 이 모든 것들을 답사하는 이, 내부로부터 바깥으로, 바깥으로부터 다시 내부로 그리고 종내는 다시 바깥으로의 귀환을 감행하는 이의 다음과 같은 사랑의 비전은 오래 편력한 마음만이 품을 수 있는 것이 아닐 수 없다.

　사랑이 어딘가에 존재할 것이라고 믿으면, 혹시
　파타고니아의 하늘은 하루쯤 환한 몸을 열어줄까?

그러니 이 비가시적 사랑과 더불어 우리는 어쩌면 이제야 시집의 곳곳에서 기미와 흔적으로만 언뜻언뜻 모습을

드러내는 "당신"을 마주할 때가 되었다.

> 순박하고 트인 삶만이 시인의 길이고
> 마지막 유산일 것이라고 굳게 믿었던
> 경건하고 싱싱한 날들은 멀리 가고
> 저녁이 색을 바꾸며 졸고 있습니다.
>
> 당신의 마지막 포옹만 믿겠습니다.
> 내 노래는 그대를 만나서야, 드디어
> 벗은 몸의 황홀한 화음을 탔습니다.
> 주위의 감정이 눈치 보며 소리 죽이고
> 숨결의 부드러움만 내게 남는 것이
> 이 나이 되어서야 새삼 눈물겹네요.
> ―「디아스포라의 황혼」 부분

 이 시에 이르러서는 상처와 치유, 순박함과 경건함, 내부와 외부로의 귀환마저 모두 전사(前史)가 되었다. 시인은 이제 "디아스포라의 황혼"에 절대를 포옹하고 있다. "당신의 마지막 포옹"을 후광 삼아 그는 "벗은 몸의 황홀한 화음"을 궁극의 노래로 준비한다. 아마도 앞서 언급한 시에 제시된 장엄한 사랑의 소박한 귀속지일 "당신"은 믿음의 편에서는 절대적 존재, 사건의 편에서는 내부와 외부 모두에 편재하는 존재라고 할 수 있을 것인데("당신의 인기척이 사방에 퍼지는 것은/내가 떠날 시간이 된 때문일까요"—「수련」), 어쩌면 오래 안팎을 넘나든 그의 이력 덕에 우리 현대시는 지금부터 절대성을 소박한 화음으로 노래하는 또 다른 바깥을 품게 될지도 모른다. 한 시인의 '수업시대'와 '편력시대'가 한 종족의 시적 경계를 변경하는 일이 된다면 이 이산(離散)은 구체적으로 보편적인 것이 아닐 수 없다. 여기, 개별적 황혼이 구체적 세목들의 보편적 아침과 함께 오고 있다.